Psicologia Social

Para leigos

Edição de Bolso

Psicologia Social

Para leigos

Edição de Bolso

Daniel Richardson

Ph.D.

ALTA BOOKS

EDITORA

Rio de Janeiro, 2017

Psicologia Social Para Leigos® — Edição de Bolso
Copyright © 2017 da Starlin Alta Editora e Consultoria Eireli. ISBN: 978-85-508-0206-0

Impresso no Brasil — 2017 – Edição revisada conforme o Acordo Ortográfico da Língua Portuguesa de 2009.

Obra disponível para venda corporativa e/ou personalizada. Para mais informações, fale com projetos@altabooks.com.br

Produção Editorial
Editora Alta Books

Produtor Editorial
Thiê Alves

Assistente Editorial
Christian Danniel

Gerência Editorial
Anderson Vieira

Supervisão de Qualidade Editorial
Sergio de Souza

Produtor Editorial (Design)
Aurélio Corrêa

Editor de Aquisição
José Rugeri
j.rugeri@altabooks.com.br

Marketing Editorial
Silas Amaro
marketing@altabooks.com.br

Vendas Corporativas
Sandro Souza
sandro@altabooks.com.br

Vendas Atacado e Varejo
Daniele Fonseca
Viviane Paiva
comercial@altabooks.com.br

Ouvidoria
ouvidoria@altabooks.com.br

Equipe Editorial
Bianca Teodoro
Ian Verçosa
Illysabelle Trajano
Juliana de Oliveira
Renan Castro

Tradução
Samantha Batista

Copidesque
Alessandro Thomé

Revisão Gramatical
Carolina Gaio

Revisão Técnica
Filipe Degani-Carneiro
Doutor em psicologia social pela UERJ

Diagramação
Joyce Matos

Erratas e arquivos de apoio: No site da editora relatamos, com a devida correção, qualquer erro encontrado em nossos livros, bem como disponibilizamos arquivos de apoio se aplicáveis à obra em questão.

Acesse o site www.altabooks.com.br e procure pelo título do livro desejado para ter acesso às erratas, aos arquivos de apoio e/ou a outros conteúdos aplicáveis à obra.

Suporte Técnico: A obra é comercializada na forma em que está, sem direito a suporte técnico ou orientação pessoal/exclusiva ao leitor.

Dados Internacionais de Catalogação na Publicação (CIP)
Odilio Hilario Moreira Junior CRB-8/9949

R511p Richardson, Daniel C.

Psicologia social para leigos: edição de bolso / Daniel C. Richardson ; traduzido por Samantha Batista . - Rio de Janeiro : Alta Books, 2017.
260 p. ; 12cm x 17cm.

Tradução de: Social Psychology For Dummies
ISBN: 978-85-508-0206-0

1. Psicologia social. I. Batista, Samantha. II. Título.

CDD 301.15
CDU 316.6

ALTA BOOKS EDITORA

Rua Viúva Cláudio, 291 — Bairro Industrial do Jacaré
CEP: 20.970-031 — Rio de Janeiro (RJ)
Tels.: (21) 3278-8069 / 3278-8419
www.altabooks.com.br — altabooks@altabooks.com.br
www.facebook.com/altabooks — www.instagram.com/altabooks

Sobre o Autor

Daniel C. Richardson, Ph.D., é professor universitário do Departamento de Psicologia Experimental da *University College London*. Ele lecionou psicologia na Universidade de Stanford e na Universidade de Califórnia Santa Cruz, e seu curso de introdução à psicologia social foi premiado com o *Provost Teaching Award*, na *University College London*.

Dedicatória

Para Natasha.

Agradecimentos do Autor

Eu gostaria de agradecer a Steve Mocj, Richard Eibach, Joyce Ehrlinger e Natasha Kirkham por seu vasto conhecimento acadêmico e apoio pessoal enquanto eu escrevia este livro. Também gostaria de agradecer a Daryl Bem por me apresentar à emoção e ao rigor da pesquisa científica em psicologia social.

Sumário

Introdução

Na vida, não faltam conselhos disponíveis. Livros de autoajuda, sermões, pais e celebridades distribuem regularmente sugestões sobre todos os aspectos da sua vida social. Se você quer saber como fazer amigos e influenciar pessoas, como ganhar corações e mudar mentes, como acreditar em si mesmo ou saber quando confiar em outras pessoas, então alguém lhe dirá em cinco passos fáceis. Mas a psicologia social (e este livro) pode lhe oferecer algo melhor que um conselho. Ela pode lhe dar conhecimento.

Psicologia Social Para Leigos — Edição de Bolso usa as ferramentas da ciência para entender por que as pessoas se comportam como se comportam. Por que não são convencidas por um argumento político elegante, mas são persuadidas pelo endosso de uma celebridade? De onde vem o preconceito e como ele influencia nossos pensamentos e ações? Neste livro, você verá como os métodos experimentais podem ser usados para revelar o funcionamento interno de todos esses fenômenos psicológicos. E, sim, há alguns conselhos também.

Sobre Este Livro

Psicologia Social Para Leigos — Edição de Bolso cobre toda a gama de tópicos e fenômenos que você discutiria em um típico curso universitário de psicologia. Entretanto, foi escrito com o mínimo possível de jargões e termos técnicos desanimadores. Não há nenhum pré-requisito para que se leia este livro. Você será capaz de entendê-lo sem qualquer exposição anterior a estudos psicológicos ou científicos. Tudo o que você precisa é ter curiosidade sobre pessoas, e este livro lhe fornecerá uma visão geral de uma das áreas mais empolgantes e dinâmicas da ciência social.

A psicologia social trata do imenso campo do comportamento humano, mas também trata do *seu* comportamento. Sempre que possível no livro, eu apresento alguns exercícios práticos que são inspirados em experimentos psicológicos reais. Se você mesmo testá-los, será capaz de *vivenciar* o fenômeno social sobre o qual está aprendendo.

Penso que...

Ao escrever este livro, fiz algumas suposições sobre você. Não pense muito mal de mim. Em especial, eu supus que você:

» É um estudante universitário que estuda psicologia e quer um guia acessível sobre psicologia social como um complemento às leituras do seu curso, ou um leitor geral que simplesmente se interessa em saber mais sobre esta área tão fascinante.

» Tem um domínio básico de psicologia em geral, mas não é, de maneira alguma, um especialista no tema.

» Sabe que há muita pesquisa psicológica por trás de tudo isso, mas não quer necessariamente ler sobre todo o assunto.

» Será altamente seletivo sobre quais partes do livro quer ler.

Ícones Usados Neste Livro

Os *ícones* são pequenas imagens úteis que apontam uma informação particularmente importante sobre a psicologia social. Ao longo deste livro você encontrará os seguintes ícones, convenientemente localizados nas margens esquerdas:

CAÇADOR DE MITOS

Quando vir este ícone, pode esperar para ser surpreendido: Ele cobre uma gama de crenças e histórias amplamente aceitas como verdade e as coloca em xeque. As coisas nem sempre são como parecem...

LEMBRE-SE

Lembre-se do que vem depois deste ícone, pois é vital que você domine esses pontos para poder entender o restante do capítulo.

EXPERIMENTE

Está tudo muito bem enquanto você lê sobre os pensamentos e comportamentos de outras pessoas, mas esses pequenos exercícios lhe permitem experimentar diretamente o fenômeno psicológico. Se você vir este ícone, então se prepare para colocar seu cérebro sob a lente do microscópio!

DICA

Pequenas novidades úteis que o ajudam a ganhar compreensão e conhecimento.

De Lá para Cá, Daqui para Lá

Se você é iniciante na ciência da psicologia, então talvez queira começar pelo início deste livro e ler com calma até o final. A psicologia social cobre uma ampla gama de tópicos, métodos e maneiras de entender o comportamento humano. Simplesmente vire a página e você estará no caminho! Se você já assistiu a algumas aulas de psicologia, ou está assistindo a alguma atualmente, pode ir até um tópico específico para tratar de uma necessidade ou questão pontual que você tenha. Use o sumário para ajudá-lo a navegar pelo livro. Independente da maneira que você ler este livro, temos certeza de que aproveitará essa jornada!

1 Conhecendo a Psicologia Social

NESTA PARTE . . .

Descubra as bases da psicologia social — entenda a identidade, a motivação e o poder das forças sociais.

Conheça a gama de disciplinas que compreendem a psicologia social e descubra como conseguir as respostas certas para as perguntas certas.

Entenda os experimentos, a operacionalização e a importância de tirar conclusões sólidas dos resultados.

NESTE CAPÍTULO

Mapeando o território da psicologia social

Entendendo as pessoas à sua volta

Explorando relacionamentos, família, grupos e culturas

Capítulo 1

Introduzindo a Ciência da Psicologia Social

A psicologia social é uma ciência fascinante. Ela investiga sentimentos, pensamentos, culturas e as formas como as pessoas se relacionam umas com as outras. Antes da ciência social, esses aspectos da vida humana eram discutidos apenas no contexto da arte, da religião e da filosofia. Mas agora os seres humanos podem gerar conhecimento científico sobre seu eu social.

Neste capítulo, defino o âmbito da psicologia social, os tipos de comportamento, ações e processos de pensamento que ela tenta entender e quais ferramentas utiliza. Em sua busca, a psicologia social devorou ideias e técnicas de ciências vizinhas, como a psicologia cognitiva, a neurociência e a biologia evolucionária. Embora tenham mudado ao longo da curta história da psicologia social, seus objetivos se mantêm constantes: entender as pessoas e seus relacionamentos umas com as outras.

Olhando pelo Microscópio dos Psicólogos Sociais

Qual é o foco da psicologia social? São os pensamentos, as pessoas em sociedade ou as culturas ao redor do mundo? A resposta é: são todos esses níveis em conjunto. Imagine um grande microscópio olhando não para células ou criaturas, mas para pessoas. No começo deste livro, apontamos esse microscópio nos menores blocos de construção da psicologia social — os pensamentos e as atitudes que existem dentro das cabeças das pessoas e que governam seus comportamentos. Depois me distancio para olhar primeiro para as crenças que as pessoas têm de outras pessoas, e então para as maneiras como exercem poder e influenciam umas às outras.

Mas, afinal, o que define a ciência da psicologia social? Bem, as suas fronteiras mudam continuamente, como em todas as ciências ativas e em desenvolvimento. Mas se você quer uma definição curta e concisa da abrangência da psicologia social, não conseguirá uma melhor do que a definição que Gordon Allport deu em 1954. Ele disse que a psicologia social é:

> *A investigação científica de como os pensamentos, sentimentos e comportamentos dos indivíduos são influenciados pela presença real, imaginada ou implícita dos outros.*

Gostaríamos de destacar dois aspectos dessa definição:

- » O que distingue a psicologia social do restante dos campos é o foco na causa e nos efeitos da "presença dos outros".
- » Essas outras pessoas não precisam estar fisicamente presentes. Então você pode estar sob influência de forças sociais quando está no meio de uma festa ou quando está completamente sozinho. Por exemplo, discutimos conformidade, obediência, persuasão e autoridade nos Capítulos 12, 13 e 14, respectivamente, e o poder dos estereótipos no Capítulo 10.

Para ser franco, todo aspecto do comportamento humano que envolve mais de uma pessoa terá interesse para os psicólogos sociais. Os psicólogos sociais querem entender de quem você gosta e quem você ama, por que você busca ajudar algumas pessoas e machucar outras, o que você pensa de si mesmo e o que pensa de outras pessoas, e as conexões que faz entre você e os outros. As próximas seções revelarão em maior profundidade os fenômenos que os psicólogos sociais estudam e as ferramentas científicas que empregam.

Vasculhando a caixa de ferramentas dos psicólogos sociais

A psicologia social é uma ciência interdisciplinar. Quando você interage socialmente com outra pessoa, você está usando seu sistema visual para reconhecer as emoções dessa pessoa, seu sistema auditivo para processar a fala dela e seus sistemas de memória para dar sentido ao que está sendo dito e prever o que ela pode dizer em seguida. Então, para entender essa interação social, os psicólogos sociais podem valer-se dos diversos campos da psicologia cognitiva e da neurociência.

Além do mais, durante essa interação social, seu comportamento é um balé preciso e bem aprendido de ações coordenadas — uma educada inclinação de cabeça para mostrar que você está escutando, acenar com a cabeça e murmurar "aham" precisamente nos momentos certos e mudar a postura do seu corpo para mostrar que você aceita o que a outra pessoa diz. Você aprende todas essas coisas quando é criança e tudo isso pode ser ligeiramente diferente em diversas culturas. Então, para entender completamente essa interação social, os psicólogos sociais podem recorrer à psicologia do desenvolvimento, à psicologia transcultural ou até mesmo à sociologia ou à antropologia.

No Capítulo 2, examinamos como a psicologia social se conecta a essas disciplinas diretamente relacionadas. Além disso, olho dentro da caixa de ferramentas dos psicólogos sociais para ver como eles desenvolveram suas próprias ferramentas, tais como enquetes, entrevistas e estudos de campo. Mas há uma ferramenta que é tão importante para a psicologia social que merece um capítulo próprio: o experimento.

Dominando o poder do experimento

Os experimentos são a ferramenta mais poderosa que temos na psicologia social e, na verdade, em toda a ciência. Eles nos permitem tirar conclusões fortes e duradouras. Com um experimento, podemos distinguir duas coisas que acontecem ao mesmo tempo e identificar se uma coisa causa a outra. Por exemplo, pessoas ricas tendem a ser motoristas menos gentis. Elas são mais propensas a cortá-lo na estrada. Isto quer dizer que se você é um motorista egoísta, então você é mais autocentrado ao longo da vida e mais propenso a ganhar dinheiro para si mesmo? Ou que ter dinheiro e possuir um carro caro o tornam uma pessoa mais mesquinha? A resposta surpreendente é que o dinheiro e o poder *podem fazer* com que você seja menos atencioso em relação aos outros. É somente devido a experimentos cuidadosamente projetados que podemos fazer essa afirmação ousada.

Experimentos ganham seu poder a partir de projetos e análises cuidadosas. No Capítulo 3, examinamos o que faz um bom experimento em psicologia social e o que faz um ruim. Como você verá, as pessoas que estudam química e física realmente têm uma vida fácil. Eles fazem uma ciência simples, em que você tem que medir coisas diretas, como massa, calor e velocidade. Mas, na psicologia social, temos que medir coisas como felicidade, preconceito e um sentido de pertencimento. Não há um "estereotímetro" (medidor de estereótipo) para preconceito, da mesma maneira que existe um termômetro para a temperatura. Então, como mostraremos, os psicólogos sociais precisam ser inteligentes e criativos com a forma de fazer sua ciência.

Cavando as fundações da psicologia social

Para entender a maneira como fazemos a psicologia social atualmente, você precisa entender o passado. Assim como a psicologia social estuda fenômenos como o conflito, a agressão e o preconceito, também o faz com os resultados de eventos da vida real, como a Segunda Guerra Mundial e o Holocausto. Além disso, a psicologia social é a filha da própria psicologia. No passado recente, a psicologia concebia pessoas como coisas bem diferentes — como máquinas de aprendizado, como computadores, como seres sociais e como conjuntos de desejos conflitantes. A maneira como a psicologia definiu as pessoas teve consequências profundas no modo como a psicologia social estuda a interação entre as pessoas.

Por outro lado, uma pessoa pode dizer que a psicologia social é uma das ciências mais novas que existem. Embora nossa espécie tenha criado um entendimento social durante milhares de anos, não se trata de uma *ciência*. Isto é, não é um conhecimento que foi construído com um método sistemático de experimentação e de testes de hipóteses. Desde seu início, cerca de 500 anos atrás, o método científico foi aplicado para entender cada faceta do mundo ao nosso redor. Mas foi bem depois de estudarmos as estrelas, os planetas, os oceanos, os animais, as células, as moléculas e os átomos que viramos o microscópio de volta para nós mesmos e para o nosso comportamento. Neste sentido, a psicologia social é realmente uma das ciências mais recentes.

Entendendo o que as Pessoas Pensam e o que as Faz Agir

Se você é um zoólogo e quer entender o comportamento social das formigas, você passará um bom tempo de joelhos com uma lupa e provavelmente será picado. Os psicólogos sociais têm um luxo que os zoólogos não têm: podemos simplesmente perguntar às pessoas o que elas pensam e as razões para seus comportamentos. Podemos medir diretamente as atitudes das pessoas. E raramente somos mordidos.

Como mostrarei na Parte 2, os psicólogos sociais desenvolveram muitas ferramentas sofisticadas para medir, mapear e registrar as atitudes das pessoas em relação a várias coisas: etnias, religiosidade, sabores de sorvete e impostos. Mas eles rapidamente descobriram um grande problema. O que as pessoas dizem sobre suas atitudes nem sempre informa — na verdade, raramente o faz — o que elas realmente farão. Então os zoólogos podem rir por último, no final das contas.

Perguntando às pessoas o que elas pensam

Você acha que nossa sociedade deveria gastar mais dinheiro ajudando pessoas que são pobres? Essa parece ser uma pergunta bem direta. Imagine que você poderia me dar uma resposta sobre alguma opinião que você possua em uma palavra só ou em um argumento com uma hora de duração. Em ambos os casos, você reportaria o que a psicologia social chama de *atitude explícita*: a opinião e as crenças que você afirma em voz alta.

Mas tem um problema. No Capítulo 4, mostramos o número excepcional de fatores que podem mudar a resposta que você der para essa pergunta. Você foi questionado por uma pessoa atraente? Ela se apresentou como sendo de uma associação de caridade para os desabrigados ou da Aliança dos Pagadores de Impostos? Antes de fazer a pergunta, ela falou sobre sua última declaração do imposto de renda ou sobre um tempo em que você mesmo sentiu os efeitos da pobreza? Quais foram as palavras exatas que ela usou — ela disse gastar mais dinheiro com "pessoas pobres" ou com "o estado de bem-estar"?

Os psicólogos sociais descobriram repetidamente que podiam influenciar facilmente as atitudes explícitas que as pessoas reportam. As pessoas podem dizer que têm uma atitude, mas então se comportam de maneira completamente oposta. Isso leva a um número de questões práticas e científicas: como você mede o que as pessoas *realmente* pensam? Elas ao menos têm atitudes estáveis e duradouras que as fazem comportar-se de uma ou de outra maneira?

Medindo o que as pessoas realmente pensam

Os psicólogos sociais agora têm as ferramentas científicas para olhar sob a superfície de suas atitudes cotidianas. Se lhe perguntarmos: "Você acha que homens e mulheres são igualmente capazes no ambiente de trabalho?", você provavelmente dirá que sim. Em outras palavras, sua atitude explícita seria que homens e mulheres são iguais.

Mas imagine que lhe mostremos uma imagem de uma pessoa e que você tenha que pressionar um botão para identificá-la como homem e outra como mulher. Poderíamos prever que você seria ligeiramente mais lento para pressionar o botão da mulher se ela fosse mostrada vestindo um terno ou um traje do corpo de bombeiros do que se fosse exibida em uma casa ou na cozinha. A diferença ao pressionar o botão pode ser imperceptível para você, uma questão de poucos milissegundos, mas os psicólogos sociais têm computadores que podem medir e somar tais diferenças.

Embora a maioria das pessoas reporte atitudes explícitas de que tratam as pessoas da mesma maneira, independente do sexo, raça ou nacionalidade, em experimentos como este suas reações em milissegundos para palavras ou imagens são diferentes dependendo se estas se referem a homens ou mulheres, rostos negros ou brancos, e nomes cristãos ou muçulmanos. Essas diferenças são chamadas de *atitudes implícitas*. No Capítulo 5, mostramos como são medidas e como podem ser usadas para prever o comportamento das pessoas. Também trato de uma questão por vezes desconfortável: essas atitudes implícitas refletem o que as pessoas *realmente* pensam?

Prevendo o comportamento das pessoas

Quando foi a última vez que alguém lhe perguntou: "Por que você fez isso?" Talvez tenha sido depois que você nitidamente ignorou um amigo, foi inesperadamente gentil com um estranho ou bateu em seu irmão. Imagine que a pessoa que lhe perguntou isso queria saber sobre suas atitudes, pois ela supôs que seu comportamento foi causado por elas. Você estava com raiva do seu amigo, sentiu-se atraído pelo estranho ou levemente irritado com seu irmão. Isso parece uma suposição razoável e de senso comum, mas a psicologia social descobriu evidências extraordinárias do contrário: frequentemente são os nossos comportamentos que causam nossas atitudes.

No Capítulo 6, você conhecerá a dissonância cognitiva, uma das teorias mais poderosas, elegantes e contraintuitivas na psicologia social. Você acha que seria mais feliz com este livro se o tivesse comprado pela metade do preço? Se seu companheiro o tratasse mal, você acha que o amaria mais ou menos? Essas parecem ser perguntas óbvias, mas a dissonância cognitiva faz uma série de previsões notáveis que são corroboradas por uma experimentação cuidadosa.

Quem Sou Eu, Quem É Você e Por que Eles Fizeram Aquilo?

Como um colecionador olhando uma borboleta alfinetada em um quadro, até agora nos focamos no indivíduo fora do seu habitat natural. Exploramos as atitudes e crenças que existem dentro da cabeça dos indivíduos e como isso pode determinar seu comportamento. Mas pessoas, assim como borboletas, vivem em um contexto social no qual interagem umas com as outras e com o mundo ao seu redor. Na Parte 3 do livro, começamos a explorar como as pessoas geram crenças sobre si mesmas e sobre as pessoas ao seu redor, e como entendem o comportamento social umas das outras.

Como você pode ter adivinhado, as opiniões que as pessoas têm sobre as outras não são sempre completamente justas, objetivas ou racionais. Nessa parte do livro, exploramos como você faz julgamentos sobre outras pessoas e como os estereótipos e o preconceito podem construir certos grupos ou tipos de pessoas. Mas primeiro há uma pessoa que está na extremidade receptora de mais do seu preconceito e pensamento tendencioso do que qualquer outra: você mesmo.

Construindo sua noção de si

Minha cena recorrente favorita no programa de ficção científica *Doctor Who* é quando ele se regenera de um corpo velho para o novo. O novo ator interpretando o Doutor pula de trás do console da TARDIS, olha loucamente para suas mãos e corre até um espelho. Ele então tenta entender quem ele é, como é e se gosta de seu novo gosto para roupas.

Embora você (provavelmente) não seja um Senhor do Tempo, também precisa passar por um processo de autodescoberta e formação de identidade. Isso leva mais do que os cinco minutos que o Doutor tem antes que os Daleks ataquem novamente. No Capítulo 7, exploramos esse processo. Ele começa na infância, tem uma reviravolta na adolescência e continua durante a vida adulta. Você não está apenas tentando entender quem você é, mas também, mais importante, como se encaixa no mundo social. A conclusão à qual a maioria de nós chega durante esse processo é a de que, na verdade, somos pessoas muito boas!

Amando a si mesmo

Você é impressionante. Você é melhor que a média na maioria das coisas, você é mais moral, mais correto em suas opiniões e faz as escolhas certas. Pelo menos é isso em que você tende a acreditar. O problema é: é nisso que todo mundo acredita também. E embora seja impossível que todos sejam acima da média, é nisso que a maioria acredita.

Não importa o quão autodepreciativo ou modesto você pareça na superfície, você mantém uma opinião muito boa sobre si mesmo. No Capítulo 8, observamos a evidência de que você, como todo mundo, tem um conjunto robusto de tendências egoístas. Você tende a acreditar que seus sucessos são devidos a suas qualidades pessoais, mas seus fracassos são devidos ao seu azar. Enquanto as outras pessoas têm preconceitos e opiniões subjetivas, suas próprias visões parecem mais como fatos objetivos.

Embora você possa pensar que estou fazendo você ser um egoísta terrível, você é perfeitamente normal e saudável. De fato, essas tendências egoístas parecem ser uma parte vital do seu "sistema imunológico" psicológico, que, mais ou menos, o mantém feliz e são, não importando o que você experiencie.

Explicando as ações dos outros

Contudo, não passamos a vida toda pensando em nós mesmos. Pegue uma revista de fofocas, ligue a TV e ouça uma conversa escondido e as chances são de que você escute pessoas tentando entender outras pessoas. Por que seu chefe o repreendeu no corredor? Por que uma celebridade linda e loira deu um pé na bunda de outra celebridade linda e loira? Por que a garçonete lhe deu aquela olhada estranha?

Se você tiver a infelicidade de ainda não ter lido este livro — e provavelmente mesmo que já tenha lido —, então é provável que você busque sistematicamente explicações incorretas para o comportamento de outras pessoas. Como demonstramos no Capítulo 9, na vida cotidiana, você, como todo mundo, tende a explicar o comportamento das outras pessoas em termos de suas personalidades. O chefe que o repreendeu é rude, a celebridade está apaixonada e a garçonete é uma esnobe.

Você tende a pular para essas conclusões sobre a personalidade e negligenciar as explicações em termos da situação. Você não considera que o chefe estava apenas pensando sobre outra coisa, que a garçonete achou que o tinha reconhecido e que a celebridade loira tem um filme novo chegando e seu time de relações públicas precisa que ela apareça nas revistas. Mais tarde, na Parte 4 deste livro, tentamos convencê-lo sobre o quão poderosos esses fatores situacionais são em determinar comportamentos. Mas no Capítulo 9, explicamos como essa tendência para explicações de personalidade — chamadas de *erro fundamental de atribuição* — domina seu pensamento em relação a outras pessoas.

Julgando e rotulando os outros

O detetive Sherlock Holmes era famoso por sua habilidade de deduzir coisas notáveis das pessoas com apenas um olhar. Ele deduziria que um visitante da 221B Baker Street, por exemplo, era um diretor de escola do interior que suspeitava que sua esposa estava tendo um caso por causa da lama em seus sapatos, pó de giz em sua manga e por seu colarinho não estar engomado, sugerindo uma esposa vitoriana que já não ligava mais para ele. Você pode não ter olhos para detalhes e os poderes dedutivos de Sherlock Holmes, mas isso não o impede de fazer generalizações e conclusões infundadas sempre que conhece outras pessoas.

Você é configurado para categorizar e rotular outras pessoas. Explicamos no Capítulo 10 como esse processo de formação de impressão, elaboração de julgamento e generalização pode ser uma maneira muito útil de entender e prever as pessoas ao seu redor. Mas também pode facilmente levar à parcialidade e ao preconceito, conforme você tira conclusões baseadas em suas próprias suposições, em vez de baseá-las nas pessoas que vê na sua frente. Examinamos como esse processo de estereotipagem ocorre e como pode ser evitado.

Medindo o Poder das Forças Sociais

Você pode achar que é uma pessoa independente que defende suas opiniões, mesmo que seja um pouco teimosa de vez em quando. Não importa o quanto você *ache* que é independente, poderíamos apostar que muito de sua vida e de suas decisões estão sob a influência das forças sociais.

Saia na rua ou vá a uma sala cheia de pessoas da sua idade. Elas estão vestindo o mesmo tipo de roupa que você, algumas das mesmas marcas? Olhe a sua lista de músicas ou sua estante de livros — quantos desses autores ou músicos você descobriu completamente sozinho e quantos seus amigos ouviram ou leram? Na verdade, poderíamos argumentar que sua própria concepção de si mesmo como uma pessoa única e independente é algo que você tirou das pessoas ao seu redor, ou que é uma ideia que foi comercializada para você pela indústria da moda para que (ironicamente) eles possam vender unicamente a você as mesmas roupas que todo mundo compra.

Na Parte 4 deste livro, exploramos todas as maneiras pelas quais o mundo e as pessoas ao seu redor podem influenciar suas ações, desde a maneira como seu trabalho muda você até o porquê de obedecer a seu chefe ou a seus professores. Exploramos as razões por que você sente um desejo de imitar e seguir seus amigos e companheiros e por que os vendedores e anunciantes conseguem persuadi-lo facilmente para que compre coisas novas.

Controlado pela situação

Você já teve que usar um uniforme? O preto e branco de um garçom, a farda de um soldado, ou apenas aquela roupa de trabalho que todo mundo usa no escritório. Usar um uniforme muda quem você é e como age?

No Capítulo 11, contaremos a história de um dos estudos mais famosos na psicologia social, o experimento da prisão de Stanford. Foi uma demonstração forte de que tanto quanto suas atitudes, crenças e intenções, a situação em que você é colocado — o restaurante, o exército ou o escritório — pode determinar seu comportamento. No caso do experimento da prisão de Stanford, jovens normais e felizes se tornaram prisioneiros abalados e sem ânimo ou guardas sádicos e opressivos, dependendo de qual identidade receberam do pesquisador. As conclusões deste experimento reverberam pela sociedade atualmente.

Obedecendo à autoridade

A maior parte da obediência na nossa sociedade não vem do medo. Racionalmente, sabemos que as consequências da desobediência são pequenas. Seria fácil violar as leis de estacionamento ou regulamentos fiscais, ou furtar e sair impune. Mas no momento em que alguém com autoridade — um policial, um professor ou até mesmo um cientista — nos pede para fazer algo, somos compelidos por uma força a obedecer.

Exploramos o poder da autoridade no Capítulo 12. Você, como muitas pessoas, pode achar que a obediência à autoridade é algo que as outras pessoas fazem evocando imagens de nazistas com botas de cano alto saudando seus líderes. Nossa cultura, você pensaria, recompensa os rebeldes e desafia as autoridades. Mas alguns experimentos muito atraentes provaram que você não precisa de ameaças ou do medo para fazer com que as pessoas o obedeçam. Você só precisa de um jaleco branco, uma voz calma e autoridade; então, poderá fazer pessoas boas se comprometerem com os atos mais malignos.

Sendo alguém na multidão

Exploramos o desejo de conformar no Capítulo 13. Às vezes seguimos as ações de outros porque somos desinformados. A primeira vez que você entrou em um ônibus ou pagou na saída de um serviço de bufê, você provavelmente olhou para a pessoa à sua frente para ver como era feito. Na maioria das vezes, seguimos as ações dos outros somente porque parece certo. Ou talvez porque não seguir os outros, ser deixado de fora do grupo, nos faça sentir muito mal. A única coisa pior que ser uma ovelha é ser uma ovelha solitária.

Persuadindo e convencendo

Talvez você esteja folheando este livro na livraria, decidindo se vai ou não comprá-lo. Ou talvez, dados os meus comentários sobre obediência, se vai roubá-lo. Deixe-me dizer algumas coisas.

Primeiro, você claramente tem um bom olho para livros. Você gosta de livros bem escritos e de boa qualidade. Se você está pensando em comprar este livro — e é inteiramente sua escolha, claro —, então você talvez queira fazê-lo o quanto antes. Ele já está esgotado em muitas lojas, já que muitos leitores já compraram suas cópias. Mas não decida comprá-lo agora. Primeiro termine de ler mais algumas páginas deste capítulo e então tome sua decisão. Tudo bem para você? Afinal, eu o escrevi só para você!

No Capítulo 14, revelamos os truques de mente Jedi que nós (ou os anunciantes antes de mim) empregamos para compeli-lo a comprar este livro. Explicamos as técnicas de rotulação, bola baixa (do inglês *low-ball*), pé na porta (do inglês *foot-in-the-door*), reciprocidade e outras. Você mesmo pode usar esses poderes da mente, ou resistir a tentativas de persuasão armado com conhecimento. Mas, para isso, você precisa comprar o livro.

Vivendo a Vida Social

Mostramos como as atitudes dentro da sua cabeça se relacionam às ações que você tem, como levam a pensamentos sobre as pessoas ao seu redor e como essas pessoas podem influenciar e determinar suas ações. Todas essas ideias e forças se juntam quando você interage com outras pessoas, gerando amizades e família, em grupos ou fora deles, e culturas e conflitos.

Gostando, amando e respeitando

Os grupos de pessoas que definem a sua vida — amigos, família e colegas — estão unidos pelas forças sociais. Você gosta de algumas dessas pessoas. Você ama outras. E tem algumas cuja autoridade você respeita. Felizmente para pessoas que escrevem novelas de qualquer classificação, você nem sempre respeita aqueles que você ama, gosta daqueles que você respeita ou mesmo gosta daqueles que você ama.

Pensando e decidindo

O homem que projetou o Mini não gostava muito de camelos: "Um camelo é um cavalo projetado por um comitê", ele disse, desdenhando. Embora achemos que ele foi um pouco injusto com o camelo, ele tem um bom ponto sobre os problemas com a tomada de decisão em grupo. Não importa o quão inteligentes as pessoas sejam individualmente em um grupo, juntas em um comitê elas são capazes de decisões espetacularmente ruins.

Um encontro particularmente desastroso na década de 1960 entre o presidente Kennedy e seus principais conselheiros levou a uma série de decisões que chegaram assustadoramente perto de começar uma guerra nuclear. Seguindo isso, os psicólogos sociais viram a urgência em estudar exatamente por que e o que sai errado quando as pessoas colhem informações para tomar decisões.

Apesar dessas armadilhas, somos criaturas sociais notavelmente bem-sucedidas. Quando foi capaz de evitar a guerra nuclear, o mesmo presidente inspirou uma nação a cooperar em larga escala e enviou homens à Lua com um décimo da tecnologia que existe no seu celular. No restante do capítulo, exploramos quando e como as pessoas cooperam e ajudam umas às outras.

Vivendo em culturas diferentes

O microscópio dos nossos psicólogos sociais se afasta para um campo mais amplo de visão — a cultura. Existem muitas diferenças em como as pessoas ao redor do mundo pensam sobre si mesmas, sua sociedade e seu lugar nela. Essas não são apenas diferenças teóricas e abstratas na perspectiva filosófica. Elas se traduzem em mudanças de comportamento mensuráveis, diferenças em como as pessoas literalmente movem seus olhos por um cenário, interpretam o que veem e lembram de seu mundo.

A descoberta difundida das diferenças culturais também me leva a reexaminar a suposição científica que tem apoiado muitos dos experimentos ao longo deste livro: que as pessoas são praticamente as mesmas no mundo inteiro, e então é justificável executar experimentos com (em sua maioria) estudantes de psicologia norte-americanos brancos e ricos e assumir que nossas conclusões valem para o resto da população mundial. Essa é uma suposição que a psicologia social fez preguiçosamente por muitos anos, e só agora estamos descobrindo suas consequências.

Olhando de Baixo para Cima pelo Microscópio

Comecei este capítulo pedindo que você imaginasse um microscópio aproximando um sujeito de sua ciência. Mas de uma maneira crucial, um psicólogo social olhando por um microscópio é muito diferente de um biólogo olhando por um microscópio. Enquanto estiver lendo sobre todas essas teorias e experimentos, não se esqueça de que, quando você está olhando pelo microscópio da psicologia social, você não está somente olhando para organismos, ou pessoas, você está olhando também para si mesmo.

NESTE CAPÍTULO

Descobrindo as disciplinas da psicologia social

Vendo a psicologia social em ação

Investigando a mente de um caubói

Capítulo 2

Explorando o Território da Psicologia Social

Quando você pensa em um cientista, provavelmente pensa em uma única pessoa: um gênio solitário, trabalhando em um laboratório cheio de tubos de ensaio borbulhantes ou rabiscando coisas ilegíveis em um quadro-negro. Mas a ciência moderna é, na verdade, um trabalho de equipe. Psicólogos sociais, como todos os cientistas, trabalham com muitas outras pessoas, compartilhando ideias, métodos e dados. Eles também colaboram com colegas em disciplinas bem diferentes, das ciências sociais à neurociência e biologia evolucionária. Então, em vez de gênios solitários, talvez você deva pensar nos cientistas sociais mais como um time de super-heróis, cada um com sua própria especialidade e superpoder.

Neste capítulo, apresento a você as várias especialidades e disciplinas que formam a psicologia social moderna. Discuto as disciplinas da psicologia da personalidade e cognitiva, da sociologia e da etnografia, e a nova pesquisa empolgante da neurociência social que está revigorando a ciência com uma nova fonte de dados. Revelo como as ideias da biologia evolucionária estão sendo usadas para entender descobertas intrigantes e gerar novas hipóteses.

Mas o que é um time de super-heróis de ciência social sem uma missão? Neste capítulo, mostraremos como as diferentes disciplinas da psicologia social podem trazer novos insights e especialidades para abordar uma pergunta em particular. Claro, a ciência pode investigar todos os tipos de assunto, mas neste capítulo investigamos por que as taxas de homicídio são tão altas entre os homens no sul dos Estados Unidos. Ou, colocando mais diretamente, por que os *caubóis* entram em brigas? Explorar essa pergunta mostra que as questões sociais podem ser abordadas de muitos ângulos diferentes e demonstram como as várias disciplinas da psicologia social podem ser usadas para testar ideias usando uma variedade de métodos engenhosos.

Olhando as Disciplinas que Compreendem a Psicologia Social

Nesta seção, mostro uma visão geral de como a psicologia social é praticada atualmente. A vantagem de ser uma disciplina relativamente nova é que a psicologia social está aberta a novas perspectivas. Ela incorporou rapidamente as descobertas da psicologia da personalidade, da psicologia cognitiva e aplica avidamente as ferramentas da neurociência e biologia modernas para entender os fenômenos sociais.

Fazendo o levantamento das pesquisas da psicologia da personalidade

A *psicologia da personalidade* é chamada às vezes de psicologia das diferenças individuais. Seu objetivo é medir e quantificar as maneiras pelas quais somos diferentes uns dos outros. *Personalidade* é um termo familiar nas conversas cotidianas. Na psicologia, personalidade significa o seu padrão de comportamento, as crenças e as emoções que o tornam diferente das outras pessoas. Sua personalidade é algo estável ao longo do tempo e através de situações diferentes.

Em outras palavras, se um dia você está com muita raiva por causa de uma multa de estacionamento injusta, não chamaríamos isso de parte da sua personalidade, porque ela estaria limitada àquele dia e àquela experiência.

As principais ferramentas de pesquisa da psicologia da personalidade são os questionários e as enquetes. Os pesquisadores pedem que os participantes respondam a um grande número de perguntas sobre seus comportamentos, hábitos, gostos e desagrados. Depois, os pesquisadores realizam análises estatísticas nas respostas (chamada de análise fatorial) para ver se existem padrões consistentes. Por exemplo, um pesquisador pode descobrir que se as pessoas disseram que têm um grande número de amigos, então elas também disseram que gostam de festas e que não gostam de ficar sozinhas. Um grupo diferente dc pessoas pode ter respondido consistentemente de maneira oposta, que elas têm poucos amigos, não gostam de festas e gostam de ficar sozinhas. A estatística pode identificar esses padrões e então classificar as pessoas ao longo de uma escala. Neste caso, os pesquisadores a nomearam como escala de introversão-extroversão. Se os pesquisadores sabem onde alguém está na escala — a pontuação de extroversão —, então eles podem prever como a pessoa responderá a todas essas perguntas, e também prever como poderia se comportar em um grande número de situações.

Entrando no laboratório da psicologia cognitiva

A psicologia cognitiva é o estudo das funções e processos mentais. Os psicólogos cognitivos investigam de quais coisas as pessoas se lembram e de quais se esquecem; como podemos focar nossa atenção em algumas coisas no mundo e ignorar outras; como aprendemos e usamos o idioma; e como tudo isso nos permite tomar atitudes e decisões.

Você pode ler sobre a rica interação entre as psicologias social e cognitiva no Capítulo 4. Em muitos capítulos ao longo do livro, você verá como o processo social pode ser desmembrado em séries de processos cognitivos. Por exemplo, imagine ter que decidir se deve confiar ou não em uma pessoa que você acabou de conhecer. Isso é um julgamento social e pode ser influenciado por representações sociais, como os estereótipos. Mas esse julgamento é determinado por processos cognitivos; por exemplo, como você percebe a pessoa que conheceu, como distribui sua atenção visual a ela, quais representações de memória você ativa para a outra pessoa, como você aplica esse conhecimento passado para categorizar essa pessoa e como pesa essa informação quando toma suas decisões. Não queremos que você pense que a psicologia social é basicamente uma psicologia cognitiva que passa a ser aplicada a situações sociais. Muitas descobertas experimentais enfatizam justamente a importância das forças sociais.

Brincando com as engenhocas da neurociência

A neurociência é o estudo do cérebro. Se os psicólogos cognitivos estão interessados no *software* da mente, então os neurocientistas estão interessados no *hardware*: o sangue, as entranhas e os mecanismos biológicos que permitem que você pense. Eles estudam o cérebro, sua anatomia e estrutura e como ele funciona em ação. Eles querem saber onde a linguagem é processada no cérebro, o que acontece com a informação visual enviada dos olhos e onde as memórias são formadas, armazenadas e perdidas.

Anteriormente, nosso conhecimento sobre estes assuntos vinha principalmente de cutucar o cérebro de pacientes que já haviam morrido ou inserir sondas no cérebro de animais e medir o comportamento de neurônios individuais. Mas agora temos várias tecnologias que nos permitem registrar a atividade do cérebro inteiro de uma pessoa viva e acordada.

Os últimos 30 anos viram essa tecnologia chegar até as mãos dos cientistas sociais, que frequentemente referiam-se a si mesmos como neurocientistas sociais. Sua técnica de imagem cerebral sobre a qual você lerá muito é fIRM, que significa imagem por ressonância magnética funcional e é muito parecida com a máquina de IRM dos hospitais (ou em todos os episódios de *House*). O paciente deita em uma mesa e é lentamente movido para dentro de um anel ou túnel branco pequeno. Esse *scanner* produz um campo magnético forte que interage com os vários átomos do corpo de diferentes maneiras. Medindo essa interação, o *scanner* pode construir imagens tridimensionais do interior do corpo, distinguindo ossos e diferentes tipos de tecidos moles.

Técnicas como a fIRM dão medidas indiretas da atividade cerebral enquanto um participante está assistindo à tela do computador e fazendo ações simples com a mão. Outras técnicas, como registros PER, medem a atividade do cérebro a partir de eletrodos no couro cabeludo, e o IRM de difusão pode mapear as conexões entre as áreas cerebrais. Essas técnicas diferem no que exatamente lhe dizem sobre o cérebro, o quão precisas são sobre a cronometragem de eventos e o tamanho das regiões que conseguem discriminar.

Utilizar essas técnicas para estudar a interação social diretamente é muito difícil. Mas usando projetos experimentais inteligentes, os pesquisadores podem contornar essas limitações. Por exemplo, Chris Frith e seus colegas colocaram seus participantes em um *scanner* de fIRM e pediram que jogassem pedra, papel e tesoura. Ao contar até três, eles faziam as formas com as mãos e então viam na tela o que seus oponentes haviam escolhido e quem havia ganhado.

Aqui está a parte inteligente do experimento: diziam a eles que seu oponente era outro participante do experimento ou que estavam jogando contra um computador que escolhia aleatoriamente. Então, em ambas as condições, o participante tinha que escolher uma forma de mão, seguir uma estratégia e tentar ganhar. Mas no caso em que pensam que estão jogando contra uma pessoa real, eles também estão prevendo o comportamento da outra pessoa: eles estavam fazendo cognição social. Se olharmos para as diferenças entre a ativação cerebral nesses dois casos, subtraindo um do outro, o que nos resta é a ativação cerebral que corresponde especificamente ao pensamento sobre o comportamento da outra pessoa.

Entender onde algo acontece no cérebro pode nos dar insights valiosos que não podemos descobrir apenas observando o comportamento. Por exemplo, os pesquisadores observaram ativação na amídala quando alguns participantes olham para rostos específicos. A função exata dessa área do cérebro é muito debatida, mas parece ser relacionada à incerteza e ao medo. Essa ativação é mais alta quando um grupo, como norte-americanos brancos, olha rostos de um outro grupo, como norte-americanos negros.

Em outra aplicação da neurociência na psicologia social, os pesquisadores pediram aos participantes para considerar questões morais e políticas, como se casais homossexuais deveriam ter o direito de adotar. Em alguns participantes, pensar nessas questões ativava áreas do cérebro relacionadas à repulsa, mas em outros não. Se olharmos apenas para seus comportamentos, sabemos apenas o resultado da decisão, mas a neurociência pode ajudar a revelar os pensamentos e motivações que os produzem.

FICÇÃO CIENTÍFICA E FATO CIENTÍFICO

Existem várias afirmações extravagantes feitas sobre a neurociência. Várias empresas dizem que estão comercializando máquinas de fIRM que detectam se alguém está mentindo. Houve afirmações de que imagens cerebrais poderiam detectar se um prisioneiro era propenso a cometer um crime novamente. Depois do 11 de Setembro, várias empresas estavam comercializando máquinas de fIRM que podiam ser colocadas nos aeroportos para identificar terroristas. Não há indicações atualmente de que as técnicas de imagens cerebrais possam (ou devam) executar qualquer uma dessas funções — e existem boas razões para achar que nunca o farão. Na verdade, alguns neurocientistas argumentam que muitas dessas suposições básicas que temos feito sobre as imagens cerebrais devem ser repensadas. Tudo isso torna a neurociência um campo muito empolgante, mas uma dose saudável de ceticismo é muitas vezes necessária.

Envolvendo-se com a sociologia

A sociologia é o estudo do comportamento social humano, das estruturas sociais e das interações interpessoais. De várias maneiras, ela se parece muito com a psicologia social. Certamente há muita sobreposição entre as disciplinas. A principal diferença está na escala de análise. Os sociólogos tendem a focar grupos de pessoas, como: classe média-alta, idosos, católicos ou adolescentes desempregados. Eles pesquisam e estudam esses grupos de pessoas e então tentam entender como eles interagem uns com os outros. Os psicólogos sociais, entretanto, costumam dar enfoque aos *indivíduos*. Como todos os grupos de pessoas são formados por indivíduos, há uma interação útil e produtiva entre os sociólogos e os psicólogos sociais.

Rastreando as ideias da biologia evolucionária

A biologia evolucionária é o estudo de como os organismos mudam ao longo do tempo enquanto se adaptam ao seu ambiente. Os seres humanos são o resultado de milhões de anos de evolução. Assim como as formigas, os chimpanzés e os saguis, uma parte central da sua história evolucionária diz respeito a como os seres humanos se adaptaram para conviver e cooperar uns com os outros. Quando os psicólogos sociais fazem uma pergunta como: "Por que não confiamos em estranhos?", ou "Por que sentimos ciúmes?", um biólogo evolutivo pode responder que as pessoas evoluíram até esse ponto. Os psicólogos evolutivos buscam respostas para seu comportamento cotidiano no seu passado evolutivo.

Entretanto, a psicologia evolucionária tem um aspecto intrigante. O mundo em que você vive hoje não é o mundo no qual seus ancestrais evoluíram. As características definidoras da espécie humana — agricultura, cidades, escrita — surgiram entre 5.000 a 10.000 anos atrás, apenas. Isso é extraordinariamente recente na escala da história biológica. Algumas das características mais difundidas de nossas vidas atuais — o uso de máquinas, eletricidade, computadores — aconteceram em momentos relativamente recentes, em alguns casos há duas gerações. A evolução não precisa de centenas de gerações para mudar uma espécie; ela pode acontecer bem rápido. Mas muitas das pressões de seleção que existiram por centenas de milhares de anos, moldando nossa espécie, não existem mais atualmente.

Alguns psicólogos evolutivos afirmam que existem características da nossa cognição e comportamento que não fazem mais sentido no contexto de nossas vidas atualmente. Mas elas fazem sentido quando consideramos as pressões de adaptação que moldaram o curso de nossa evolução. Nós gostamos de rostos simétricos, somos fracos para raciocínios com probabilidade e tomamos decisões irracionais repetidamente. Dessa forma, estamos congelados na defesa contra perigos agora redundantes. Tomamos decisões que apenas têm sentido no contexto da nossa história evolucionária.

Os psicólogos evolutivos tentam identificar essas qualidades ancestrais de nosso comportamento e tentam encaixá-las na estrutura do nosso longo passado evolutivo. Suas ideias são, muitas vezes, altamente controversas para outros psicólogos. A crítica mais frequente é que muitas dessas teorias são completamente impossíveis de ser testadas. Já que não podemos voltar no tempo e observar ou fazer experimentos em nossos ancestrais, não existe uma maneira de falsificar essas ideias. Veremos esses argumentos muitas vezes ao longo deste livro.

A Psicologia Social em Ação

A esta altura, você tem uma ideia do território da psicologia social moderna e das disciplinas que a habitam. Mas lembre-se de que a ciência é uma ferramenta para arrancar respostas pela raiz. Então vamos aplicar esses métodos e ideias!

Nesta seção, ilustramos como as ideias e os métodos da psicologia social podem ser aplicados para um problema em particular: a cultura violenta do homem branco no sul dos Estados Unidos. Esta seção relata o trabalho de Dov Cohen e Richard Nisbett, que pesquisaram exaustivamente essa questão. Claro, na psicologia social, alguém poderia fazer muitas perguntas e assumir várias rotas para as respostas. Mas este caso serve como um ótimo exemplo do processo que os psicólogos sociais usam e da maneira com que utilizam todas as ferramentas à sua disposição para caçar as respostas para sua pergunta.

Fazendo as perguntas certas

Entender as causas da violência é de valor prático óbvio; então, como a psicologia social pode ajudar? Fazer a pergunta certa é o primeiro passo do entendimento. E é o mais importante. Fazer a pergunta certa pode destravar os fenômenos que você está tentando entender. Fazer a pergunta errada pode levar a anos infrutíferos de frustração. A psicologia social, como todas as ciências, segue um processo de teste de hipóteses que impulsiona nosso entendimento.

Aqui está uma pergunta para começar nossa investigação: nos EUA, por que a taxa de homicídios é mais alta nos estados do sul do que nos do norte? Se você classificar todos os estados pelo número de homicídios por indivíduo da população, os valores de 2003 mostram que dos dez estados no fim da lista, com as taxas mais altas de homicídio, nove são do sul. Dos dez melhores estados com as taxas de homicídio mais baixas, nenhum é do sul. Por que essa diferença existe?

A esta altura, o cientista social poderia apresentar várias hipóteses. Uma hipótese é uma adivinhação, uma explicação possível. Uma boa hipótese faz uma afirmação clara sobre as causas de alguma coisa e, por isso, faz previsões sobre o que acontecerá no futuro. Os cientistas podem então testar essas previsões com estudos e experimentos. Se as previsões estiverem erradas, então eles podem rejeitar essa hipótese.

Como exploramos no Capítulo 3, é assim que os cientistas fazem progressos, rejeitando possíveis hipóteses e diminuindo as maneiras pelas quais podemos explicar algo. Parece estranho, mas, por essa razão, uma boa hipótese é algo que podemos claramente mostrar que está errado. Realmente, ter ideias que podemos provar conclusivamente que estão erradas é a definição do progresso científico! Então vamos gerar algumas hipóteses sobre por que existem mais homicídios nos estados do sul dos EUA.

- Os estados do sul são, em média, mais quentes, e um aumento na temperatura leva a um aumento na violência.
- Os estados do sul têm mais pobreza que os do norte e situações de pobreza estão relacionadas ao aumento de criminalidade.
- Existem diferenças nas leis de armamento no sul, o que significa que a violência e o crime são mais propensos a terminar em homicídios.

Todas essas hipóteses são plausíveis. Estudos mostraram, por exemplo, que os crimes violentos aumentam sempre que a temperatura sobe. A pobreza realmente é correlacionada às taxas de criminalidade. Outros estados nos EUA e em outros países, como o Canadá, têm leis de armamento similares às do sul, mas eles não têm taxas altas de homicídio.

Aqui está outra hipótese: Há uma diferença cultural entre o norte e o sul que produz mais violência masculina. Essa é a hipótese que explorarei em mais detalhes. Ela está no nível adequado de análise para a psicologia social, já que foca o indivíduo e sua mentalidade cultural. A hipótese gera imediatamente muitas questões que podem ser exploradas: qual é a natureza da diferença cultural entre o norte e o sul? De onde ela vem? Serve a qual função? Quais são as diferenças psicológicas e comportamentais produzidas por essas variações culturais? Você pode usar muitas ferramentas da psicologia social para responder a essas perguntas.

Entendendo a cultura dos caubóis

Os antropólogos descreveram o que chamam de "cultura de honra" que existe em muitos lugares no mundo todo. Nessas sociedades, o mais importante é a honra, ou a reputação. Se essa reputação é ameaçada, por um desrespeito ou insulto leve ou real, então um homem (normalmente) precisa fazer qualquer coisa que possa para punir o autor e restaurar sua honra. Isso frequentemente significa recorrer à violência. Você pode encontrar culturas de honra por todo o mundo.

A ideia de uma cultura de honra parece capturar alguns dos estereótipos que as pessoas têm sobre homens no sul dos Estados Unidos. Quando as pessoas pensam em um *caubói*, elas geralmente imaginam seu estereótipo lutando para proteger sua honra em um duelo de armas ao meio-dia ou em uma briga de bar. Em qualquer caso, a violência começa com um pequeno insulto e se intensifica para algo fatal. Ela também é evidente em como as pessoas no sul se veem. A frase "Não mexa com o Texas" começou como um slogan posicionado ao longo das estradas do Texas em uma campanha para não jogar lixo nas ruas. Mas rapidamente os texanos se apoderaram dele para resumir sua própria atitude. Agora você pode encontrá-lo em camisetas, adesivos de para-choques, coldres e até mesmo em um submarino nuclear, no brasão do *USS Texas*.

Encontrando as raízes da cultura de honra

A sociologia pode ter um papel vital na elaboração de perguntas para a psicologia social. O que a sociologia pode nos dizer sobre a "cultura de honra" no sul dos EUA? A resposta está nas ondas de imigração da Europa e nos diferentes tipos de imigrantes.

- **Fazendeiros:** Uma onda de imigração para a América do Norte veio do sul da Inglaterra. Eles eram os famosos peregrinos norte-americanos e, em sua maioria, fazendeiros. Eles se fixaram no que é agora o nordeste da América do Norte e estabeleceram terrenos agrícolas.
- **Pastores:** Outra onda de imigração veio do norte da Inglaterra, da Escócia e da Irlanda. Essas pessoas eram, em sua maioria, pastores. Eles se mudaram para as áreas mais ao sul dos EUA e então deslocaram-se para o oeste pelo país.

Por que esses dois tipos de pessoas desenvolveram práticas culturais diferentes?

Quando possui um campo, você pode alimentar um grande número de pessoas, e roubá-lo é bem difícil. Em outras palavras, as comunidades agrícolas tendem a ser muito estáveis. Elas podem fornecer comida e riquezas, mas apenas com um esforço combinado ao longo de muito tempo. Comunidades agrícolas de sucesso podem suportar um grande número de pessoas e são capazes de empregar pessoas para manter a ordem em suas sociedades. No norte, a riqueza não tende a mudar de mãos rapidamente porque leva-se muito tempo para acumular terras e para que ela produza lucros. Os pastores do sul tiveram uma sociedade bem diferente. Quando você possui um rebanho de animais, você tem que vigiá-los constantemente. Alguém pode roubar todos eles durante a noite. Em outras palavras, comunidades de pastoreio podem ser bem voláteis. A riqueza pode mudar de mãos da noite para o dia e não é acumulada gradualmente. As sociedades de pastoreio também são pouco povoadas. Os rebanhos de animais ocupam bastante espaço e não alimentam tantas pessoas quanto as colheitas. Essas sociedades escassamente povoadas e relativamente pobres não podiam contratar policiais ou pessoas para proteger suas riquezas e, mesmo que pudessem, não conseguiriam cuidar dos rebanhos de todo mundo ao mesmo tempo.

Os sociólogos argumentam que a única coisa que evitava que as pessoas roubassem umas das outras nas sociedades de pastoreio do sul era a cultura de honra. Sem a aplicação efetiva da lei, a única coisa para deter os ladrões é a ameaça de retaliação à pessoa à qual haviam feito mal. Se você tem uma reputação de alguém que não deve ser contrariado ou insultado, que devolve tudo em dobro, então as pessoas serão dissuadidas de roubar de você. Mas se você é alguém facilmente manipulável, que não defende suas próprias ideias, então não há nada que impeça as pessoas de o roubarem. Em outras palavras, sua honra é sua única proteção. Então faz sentido que você tenha que defendê-la a qualquer custo.

Mas estamos falando de um modo de vida de centenas de anos atrás, você pode argumentar. Quais são as evidências que mostram que essas atitudes persistem ou, ainda, explicam a taxa de homicídios nos estados do sul dos EUA atualmente? Antes que recorramos à psicologia para uma resposta, podemos fazer outras duas observações sociológicas:

» Se você olhar o mapa dos EUA colorido por essas ondas de imigração ao norte e ao sul 200 anos atrás, ele carrega uma semelhança impressionante com o mapa de votos para republicanos ou democratas nas últimas eleições. Em outras palavras, parece possível que eventos de muitas gerações atrás ainda tenham alguma influência na sociedade atual.

» Podemos espiar um pouco mais as estatísticas de homicídios comparando o sul e o norte. Alguns homicídios foram executados durante algum outro crime. Um ladrão atira em um funcionário do banco, por exemplo. Para esses homicídios relacionados a crimes, o sul e o norte são iguais. Não há diferenças. Mas você também pode contar os homicídios não relacionados a crimes. No sul, atualmente, mais que o dobro desses homicídios existem como resultado de algo como uma briga em um bar.

Então, claramente, existe uma diferença entre essas duas sociedades que precisa de uma explicação. Mas como provamos que a cultura de honra persiste até os dias atuais e que influencia o comportamento dos caubóis dos tempos modernos?

Encontrando respostas com a psicologia social

A sociologia, a história e a antropologia podem servir à psicologia social, identificando os fenômenos sociais. Mas isso não é tudo. É comum encontrar palestras sobre psicologia social que começam com algo que um pesquisador notou em um episódio de *Os Simpsons* ou em outro programa de TV. Uma palestra, por exemplo, explorou um assunto que foi levantado em *Seinfeld* — por que Elaine não consegue ver que é uma péssima dançarina? Isso começou um projeto totalmente empírico examinando como parte da incompetência das pessoas reside em não reconhecer o que é uma competência.

As outras ciências, artes e mídias sociais são fontes vitais de inspiração para as hipóteses na psicologia social. Mas tudo o que elas podem fazer é nos ajudar a identificar e fazer perguntas interessantes. Para encontrar as hipóteses e testá-las, precisamos das ferramentas da psicologia social.

Buscando respostas sobre a violência do sul dos EUA, recorremos à sociologia para informar sobre nosso conceito da cultura de honra e contexto histórico para nos dar uma ideia sobre a função desse comportamento. Mas até agora não temos uma evidência psicológica direta. Por exemplo, a imagem de um *caubói* que descrevemos pode não ser uma descrição precisa do que as pessoas realmente são no sul dos Estados Unidos. Agora mostrarei como a psicologia social pode testar nossas hipóteses sobre os norte-americanos atualmente.

Dados de pesquisa

As enquetes são frequentemente empregadas como um primeiro passo na psicologia social. Um grande número de pessoas é inquirido e perguntas específicas são feitas para explorar a hipótese do pesquisador. Entretanto, tudo o que as enquetes podem oferecer são evidências correlacionais. Ou seja, tudo o que elas mostram é que as respostas que as pessoas dão às perguntas são conectadas de alguma maneira. Como mostrarei, o que podemos concluir com base nos padrões de resposta em dados de pesquisa é sempre limitado.

A hipótese sendo testada é a de que a cultura de honra descrita por antropólogos e historiadores ainda existe atualmente na mente dos homens norte-americanos do sul. Transformando essa ideia em algo que pode ser contado, os pesquisadores construíram um estudo de levantamento. Nesse exemplo, os pesquisadores enviaram enquetes às pessoas no norte e no sul dos EUA. Eles fizeram algumas perguntas simples sobre como essas pessoas poderiam se comportar. Por exemplo, eles perguntaram: "Você aprovaria se um homem socasse um homem adulto estranho e esse estranho fosse um bêbado que esbarrou no homem e na sua esposa?". Essa ação foi significantemente aprovada por mais pessoas dos estados do sul. De maneira similar, perguntaram a eles se estava tudo bem se um menino de 10 anos reagisse brigando quando alguém rouba seu dinheiro do lanche. Então isso lhe dá algumas razões para pensar que nossa hipótese pode ser verdadeira.

Entretanto, pode haver outras explicações para esse padrão de respostas da enquete? Outras enquetes descobriram que, quanto mais alguém é propenso a se envolver em um crime, mais provável é que essa pessoa tenha tomado um sorvete e é menos provável que tenha um bicho de estimação. Quer dizer que para reduzir o crime devemos banir os sorvetes e dar um cachorrinho para todo mundo?

Não, existem outras explicações para esses padrões de dados de pesquisa. Como já mencionei, quando o tempo fica mais quente, as pessoas ficam mais propensas a cometer crimes violentos e, então, também ficam mais propensas a consumir sorvetes. Além disso, famílias mais ricas são mais propensas a ter um bicho de estimação (pois é caro manter um filhote) e é menos provável que pessoas mais ricas tenham membros da família envolvidos em crimes. Em outros casos, os cachorrinhos e o sorvete não estão diretamente ligados ao crime, mas estão conectados por meio de fatores adicionais de tempo e riqueza.

Também pode haver outras explicações para nossas enquetes de pessoas do norte e do sul. Talvez o sul simplesmente tenha mais crimes violentos e, então, as pessoas estejam mais familiarizadas com o comportamento violento e o aceitem mais. Mas isso não tem nada a ver com a cultura de honra. Não que possamos provar apenas com uma enquete.

Estudos de campo

Em um estudo de campo, os pesquisadores observam algo sobre o comportamento como ocorre naturalmente "na natureza". Eles controlam alguns fatores da situação; então, um estudo de campo é um pouco como um experimento. Mas falta o ingrediente-chave de atribuição aleatória — chegarei nisso na próxima seção.

Em um famoso estudo de campo, Philip Zimbardo (encontraremos com ele muitas vezes neste livro) deixou um carro estacionado ao lado da rua com o capô levantado. Na verdade, ele deixou dois carros — um em Palo Alto, na Califórnia, e um no Bronx, em Nova York. Ambos foram deixados a cerca de uma quadra de universidades famosas, a Universidade Stanford e a Universidade de Nova York, respectivamente. Os pesquisadores então esgueiraram-se para o outro lado da rua para observar o que aconteceria.

Contudo, os pesquisadores mal tinham posicionado seus equipamentos no Bronx antes que os transeuntes se servissem da bateria do carro, do conteúdo do porta-luvas e do radiador. Quarenta e oito horas mais tarde, 23 atos de roubo e vandalismo haviam deixado o carro em pedaços, pelado e batido.

O carro em Palo Alto também chamou a atenção dos locais. Depois de cinco dias, um transeunte notou que estava chovendo e abaixou o capô para proteger o carro. Além desse gesto de ajuda, o carro ficou intacto.

O estudo de campo claramente revela que existiram atitudes diferentes com a propriedade e o crime em Palo Alto e em Nova York. Em Nova York, na época, vandalismo e crime eram comuns e visíveis por todos os lados. Palo Alto, em contraste, é quase opressivamente limpa e bem-comportada. Quando morei lá, sempre me senti envergonhado por sair de casa sem roupas passadas e unhas bem-feitas.

Mas o que você pode concluir além do fato de que existem diferenças entre as duas comunidades? Não muito, a partir de um estudo de campo. As diferenças poderiam ter a ver com a riqueza, o tempo, as atitudes locais, a probabilidade de a polícia tomar uma atitude ou até mesmo o valor relativo dos carros.

Estudos de campo vêm sendo usados de maneira similar para iluminar a diferença entre culturas no norte e no sul dos EUA. Os pesquisadores executaram um estudo de campo enviando cartas para concessionárias de veículos no norte e no sul. As cartas pediam uma entrevista de emprego e pareciam ser genuínas. Havia dois tipos de carta. Em um, o candidato explicava que estava tendo problemas para conseguir uma entrevista, porque "Eu fui condenado por um crime, a saber, homicídio culposo".

Ele continua explicando que, uma noite, em um bar, um bêbado se gabou por ter dormido com sua noiva, e então o desafiou para uma briga. Sem querer recuar, eles saíram do bar. O bêbado pulou nele pelas costas e, para se defender, o homem bateu nele com um cano que encontrou no chão, matando-o. Como você pode ver, existem muitos detalhes aqui que apelam para a cultura da honra. O candidato estava defendendo sua reputação e o bom nome de sua noiva. Ele foi atacado injustamente e revidou para se defender.

A segunda carta começou da mesma maneira: "Eu fui condenado por um crime". Mas dessa vez o crime era roubo de veículo automotor. O candidato explicou que ele era jovem e precisava do dinheiro para pagar as contas, então decidiu roubar carros caros. Como você pode ver, esta carta tem semelhanças com a primeira, mas o crime não é conectado à cultura de honra de maneira nenhuma.

As concessionárias de veículos no norte e no sul responderiam de maneiras diferentes a essas duas cartas de emprego? Os pesquisadores *operacionalizaram* essas perguntas de duas maneiras (ou seja, eles pegaram o conceito inicial e transformaram em algo que podiam medir).

- » **Primeira operacionalização:** Eles apenas contaram o número de concessionárias de carros que responderam com um formulário de candidatura e um convite para se candidatar. Para a carta do roubo de carros não houve diferenças entre as respostas do norte e do sul. Entretanto, para a carta do homicídio culposo, as concessionárias do sul foram mais propensas a responder com um formulário de candidatura.
- » **Segunda operacionalização:** Os pesquisadores contaram o número de palavras positivas nas cartas de apresentação das concessionárias (nós o encorajamos a candidatar-se, muito obrigado por sua carta, e assim por diante). Os nortistas usaram mais palavras positivas na resposta ao candidato que havia confessado o roubo. Para os sulistas, contudo, eles expressaram acolhimento igual ou até maior para a pessoa que havia matado um homem do que para a pessoa que havia sido condenada por roubo.

Esse estudo de campo mostra que — nesta amostra de revendedores de carros — existem atitudes diferentes no norte e no sul em relação a crimes que são cometidos em defesa da honra de uma pessoa. Mas o quanto podemos generalizar esse resultado? Existem outras explicações? Talvez seja apenas o caso de que as pessoas no sul sejam mais acostumadas a casos de homicídio porque é mais comum; essa familiaridade explica a diferença com o norte — não tem nada a ver com a cultura da honra propriamente dita. Para escapar desses argumentos redundantes, precisamos de dados mais fortes, então os pesquisadores recorreram aos experimentos de laboratório.

Experimentos

Os experimentos são a ferramenta mais poderosa que a psicologia social pode usar. Um experimento bem projetado, com dados claros e não ambíguos, fornece um bloco de construção sólido de evidência. Pode ser apenas um bloco pequeno, mais como uma peça de Lego, mas todo experimento bem projetado diz *algo* conclusivamente, e desses pequenos blocos construímos o conhecimento científico.

Experimentos são tão importantes para a psicologia social que reservamos todo o Capítulo 3 para explicar o que torna um experimento bom ou ruim e como você pode projetar um.

A ideia-chave é que, em um experimento, os pesquisadores tomem o controle da situação social — tudo o que os participantes do experimento veem e escutam. Eles criam (pelo menos duas) versões diferentes de um experimento que diferem em apenas um aspecto. Por exemplo, os participantes podem interagir com um pesquisador, que lhes pergunta sobre suas opiniões políticas. A única diferença entre as duas versões do experimento é se o pesquisador com quem eles interagem é homem ou mulher. O experimentador analisará então algum aspecto do comportamento dos participantes que foi medido cuidadosamente.

NESTE CAPÍTULO

Compreendendo a diferença entre o entendimento cotidiano e científico

Montando a caixa de ferramentas da psicologia social

Capítulo 3

Montando um Kit: As Ferramentas da Psicologia Social

Todos os dias, nós utilizamos conhecimentos acerca de outras pessoas. Por exemplo, quando tentamos adivinhar por que um pai parece irritado, quando prevemos como um amigo reagirá a uma festa surpresa ou quando deduzimos por que uma pessoa está correndo rua abaixo. Essas crenças são moldadas pelas nossas experiências, histórias, educação, instrução religiosa, por assistir a novelas etc. Mas, frequentemente, esse conhecimento cotidiano é muito diferente da psicologia social científica. Na verdade, mostramos neste capítulo que, frequentemente, o "senso comum" cotidiano é o maior inimigo da psicologia social.

Como os psicólogos sociais provam suas afirmações? Como todos os profissionais, os psicólogos sociais precisam de um conjunto de ferramentas para executar seu trabalho. A ferramenta à qual recorrem com mais frequência é o experimento. Aqui falamos sobre a lógica por trás do projeto do experimento e como ele dá aos cientistas a habilidade de tirar conclusões sobre raízes causais do comportamento humano. Para fazer isso, tenho que falar sobre algo que pode deixar as pessoas desconfortáveis: estatística. Se você fica desconfortável com a matemática e sente-se tentado a pular estas seções, por favor, aguente. Prometo que não existem fórmulas e equações intimidadoras aqui.

Neste capítulo, mostramos como os psicólogos sociais combatem o inimigo superficial do senso comum e por que as ferramentas das técnicas experimentais e estatísticas são tão importantes na construção do conhecimento. Não entraremos nos detalhes de como você realiza cálculos estatísticos, mas quero transmitir a notável conexão que a psicologia social pode fazer entre qualidades maravilhosas da experiência humana e o poder do método científico. Isso torna a psicologia social muito mais interessante do que falar de romances e muito mais complicada do que a física e a química. Isso pode até encorajá-lo a pegar um livro sobre estatística.

Encarando o Maior Inimigo da Psicologia Social: O Senso Comum

Quando você conta entusiasmadamente às pessoas sobre as descobertas de um engenhoso experimento de psicologia social cuidadosamente executado, uma resposta muito comum que você ouve é: "Bem, isso é só senso comum, não é?". Se você for um estudante, ouvirá isso de amigos que estudam outras matérias e de sua família em casa. Para eles, depois de vários anos de estudo árduo, você acaba com um diploma em senso comum básico.

Nesta seção, confrontamos o conhecimento da psicologia social e o conhecimento do senso comum. Mostramos que as coisas que para muitas pessoas parecem óbvia e tediosamente verdadeiras mostram-se ser simplesmente falsas quando os cientistas executam experimentos cuidadosos. Por que então as pessoas frequentemente querem continuar com suas crenças relativas ao senso comum e ignoram as conclusões da psicologia social? A resposta para isso é em si uma parte fascinante da psicologia social, que introduzimos aqui e discuto mais na Parte 3 deste livro.

Desafiando a noção de senso comum

Uma vez, li um artigo de jornal no qual o colunista estava discutindo um trabalho científico recente. Os pesquisadores descobriram que quando as pessoas experimentavam longos períodos de ansiedade, tinham a tendência a ganhar peso. O colunista estava muito nervoso com o fato de que haviam gastado dinheiro para provar esse fato. Era óbvio, a partir de experiências cotidianas, que comemos mais quando estamos tristes ou nervosos. Ele resumiu a pesquisa em uma observação maravilhosamente concisa: "Isso é somente senso comum dispendiosamente transformado em ciência". O senso comum é o maior inimigo da psicologia social, alegremente descartando os resultados da pesquisa científica.

Certamente, as pessoas têm um rico senso de psicologia popular, um entendimento da mente e do comportamento dos outros, que usam todos os dias. Mas achar que isso é o mesmo que o entendimento *científico* do comportamento é um grande erro. No entanto, não acredite no que lhe dizemos: coloque seu próprio conhecimento de senso comum para ser testado!

EXPERIMENTE

Leia cada uma das seguintes afirmações e use o seu senso comum (e não a pesquisa da internet!) para decidir se parecem verdadeiras ou falsas.

1. **Para mudar o modo como as pessoas se comportam, você deve primeiro mudar suas atitudes.**
2. **Quanto mais você é recompensado por uma atividade, mais você gostará de fazê-la.**
3. **Quando as pessoas decidem coisas como um grupo, elas normalmente tomam decisões mais moderadas do que quando tomam decisões individuais.**

4. **Se estiverem sozinhas, as pessoas são menos propensas a ajudar alguém que pode estar com problemas na rua.**

5. **Em média, homens heterossexuais têm mais parceiras sexuais do que mulheres heterossexuais.**

Agora continue lendo e veja quantas você acertou... Nenhuma dessas afirmações é verdadeira. Mesmo que cada uma pareça concordar com o senso comum da maioria das pessoas, a psicologia social possui evidências sólidas de que todas elas são falsas. Você pode ler muito mais sobre os aspectos perturbadores das atitudes nos Capítulos 4 e 5, e mais relacionado às afirmações 1 e 2 no Capítulo 6.

Não temos evidências que provem que a afirmação 5 seja falsa. Na verdade, nem precisamos de evidências aqui. Logicamente, a afirmação deve ser falsa. Considere isso: sexo heterossexual, por definição, significa sexo entre um homem e uma mulher. Então se estivermos contando parceiros sexuais, cada vez que ocorre o sexo heterossexual, existe um parceiro sexual masculino e um feminino. Se quisermos descobrir quantos parceiros sexuais homens e mulheres têm em média, dividimos o número de parceiros sexuais masculinos e femininos pelo número de homens e mulheres. Bem, nós vimos que existe um número igual de parceiros de cada sexo e que há um número igual de homens e mulheres. Portanto, eles devem ter um número igual de parceiros sexuais, em média.

Aceitando que o senso comum pode não ter sentido

Se você descobriu que seu senso comum não é tão bom quanto pensava, então você pode se alegrar tentando este experimento com seus amigos e familiares sabe-tudo. Diga a um grupo deles que você acabou de ler a respeito de um estudo sobre relacionamentos em seu livro de psicologia social. Explique que, quando se trata de tipos de personalidade, os opostos se atraem. Seu público pode reclamar que eles sempre souberam disso: é apenas senso comum. Então encontre outro grupo de amigos ou familiares. Diga a eles que seu livro informou que, quando se trata de tipos de personalidade, as pessoas mais parecidas umas com as outras se dão melhor. Novamente eles podem reclamar que isso é óbvio: é senso comum que "quem se mistura com porcos farelos há de comer".

Você pode dar à metade das pessoas uma afirmação e para a outra metade, outra afirmação que diz exatamente o contrário, como no exemplo de relacionamentos anterior. O que acontece é que a maioria das pessoas acha que essas afirmações completamente opostas são provavelmente verdadeiras e que elas já sabiam disso desde o princípio. Essa é uma marca do conhecimento de senso comum sobre a psicologia: ele é perfeitamente feliz em contradizer a si mesmo. Este não é o caso da psicologia social científica.

Confirmando as tendenciosidades no pensamento social

Por que as pessoas afirmam tão prontamente que uma assertiva (ou seu oposto) concorda exatamente com o que elas já sabiam? Bem, os psicólogos sociais estudaram esse fenômeno e entenderam que é um viés sistemático da maneira que pensamos sobre o mundo. Volte a pensar sobre nosso colunista do jornal lendo que cientistas descobriram que pessoas ansiosas ganham peso. Quando ele leu isso provavelmente pensou em todas as vezes em que comprou chocolate para se animar ou todas as vezes em que viu uma personagem de um seriado ser chutada pelo namorado e, na próxima cena, comer um pote de sorvete na cozinha. Essas memórias e imagens todas parecem confirmar a ideia que sentimentos negativos causam o ganho de peso, e então ele sente que já sabia os resultados do estudo desde sempre.

E se o colunista tivesse lido que os cientistas afirmavam que a ansiedade leva as pessoas a perderem peso? Achamos que ele teria buscado na memória e imaginado uma pessoa esquelética e com cara de preocupada cutucando a comida e então empurrando o prato com um suspiro. Ele pode ter se lembrado da vez em que chegou em casa da faculdade deprimido e sua mãe perguntou se ele estava se sentindo bem, porque parecia que ele tinha perdido peso. Em outras palavras, ele teria sido capaz de encontrar uma quantidade igual de lembranças de evidências anedóticas que tornam senso comum que sentimentos negativos causam perda de peso.

Isso é chamado de *viés de confirmação*. O senso comum tem uma tendência a buscar na memória apenas evidências que confirmam ou sustentam uma ideia. Não temos a tendência de pensar na evidência contrária a uma ideia. Esse é o trabalho do cientista. É por isso que usamos cuidadosamente o método científico para contar evidências confirmantes ou não, para pesá-las estatisticamente e excluir explicações concorrentes. Tratamos de vieses relacionados ao *self* (ego) no Capítulo 8 e escrevo mais sobre tais vieses no pensamento social nos Capítulos 9 e 10. Mas por agora quero deixar uma coisa clara. Algumas vezes pode ter parecido que dissemos que os cientistas estão sempre certos e os não cientistas entendem errado as coisas. Não é nada disso! Esses vieses ocorrem com todos: com os cientistas também. Na verdade, houve casos embaraçosos. Na seção anterior, "Desafiando a noção de senso comum", expliquei por que é impossível que homens heterossexuais tenham um número de parceiras sexuais mais alto, em média, que mulheres heterossexuais. Entretanto, um artigo publicado certa vez em um jornal de psicologia social fazia exatamente essa afirmação.

Os pesquisadores haviam inquirido a população de estudantes de uma pequena cidade universitária, perguntando o número de vezes em que os alunos homens e mulheres haviam feito sexo heterossexual com outros membros da comunidade universitária. Eles realizaram uma análise estatística, escreveram seus resultados, tiveram seu artigo revisado por um editor e por outros cientistas do campo, e o publicaram. Foi só depois de o artigo ter sido publicado que alguém apontou que seus resultados eram logicamente impossíveis. Aparentemente, a descoberta que jovens do sexo masculino eram sexualmente ativos se encaixava tão bem com o viés de confirmação de todo mundo que ninguém pensou em questioná-la rigorosamente. Na verdade, tudo o que os pesquisadores mostraram é que os jovens do sexo masculino afirmaram que tiveram mais parceiras sexuais que jovens do sexo feminino, e essa descoberta, admitimos, é simples senso comum.

Entrando no Mundo Fascinante do Experimento da Psicologia Social

Nesta seção, explicamos o que é um experimento e de onde ele tira seu poder. Explico os três elementos-chave de um experimento de psicologia social — atribuição aleatória, manipulação e medição — e mostro como eles se combinam e o que podem provar.

Apreciando o poder incrível do método científico

A ciência é um método sistemático que nos permite desenvolver, testar e rejeitar teorias. Ela não fornece certezas e não produz teorias que estão sempre certas. Mas, a longo prazo, o método científico aplicado corretamente sempre tropeça para a frente em direção à verdade, construindo o conhecimento gradualmente. Esse progresso ascendente é muito diferente do conhecimento de senso comum. Não estamos mais sábios em nossos entendimentos cotidianos do que qualquer um de nossos avós ou dos avós deles. O senso comum não acumula. Mas a ciência, a longo prazo, está sempre construindo conhecimento.

Você pode pensar no método científico como uma série de passos:

1. **Observe o mundo.**
2. **Forme uma explicação para o que você vê. Isso é chamado de hipótese. Você pode formar uma hipótese particular porque ela vem de uma teoria que você tem.**
3. **Teste sua hipótese em um experimento. As hipóteses fazem previsões sobre o que acontecerá, e um experimento é sempre uma maneira de descobrir se essa previsão é verdadeira. Isso envolve manipular cuidadosamente e medir coisas sobre o mundo, que são chamadas de variáveis experimentais. Analise seus dados usando a estatística para ver se as previsões se tornaram realidade.**

4. **As suas previsões se realizaram? Você tem o suporte para a sua hipótese e para a sua teoria. Agora você precisa escrever exatamente o que você fez para que outras pessoas possam realizar o mesmo experimento e conseguir o mesmo resultado. Isso é chamado de replicação e é uma parte vital do método científico. Agora você pode gerar mais hipóteses e previsões da sua teoria e voltar ao Passo 2 para testá-las.**

5. **As suas previsões não se realizaram? Você deve rejeitar essa hipótese. Se isso acontecer vezes suficientes, você deve rejeitar também a teoria toda. Volte ao Passo 2 e tente modificar sua teoria ou começar novamente.**

Isso, basicamente, é o método científico. Em algumas centenas de anos desde que começamos a usá-lo, ele produziu novas maneiras de entender os céus, nossos corpos e a matéria em si. Ele gerou ideias que eram radicalmente diferentes de qualquer uma anterior. Ele produziu a tecnologia que deu poder às revoluções industrial e da informação. Mais tarde, quando voltamos o método para nós mesmos, ele produziu a psicologia social.

Projetando um experimento

Nesta seção, descrevemos a elaboração de um experimento para responder a uma simples questão: uma xícara de chá torna uma pesso mais agradável? Prometemos que os experimentos neste livro sã frequentemente mais interessantes, mas começar com algo simples uma boa ideia. Temos uma hipótese bem simples sobre o ato de bebe chá e os efeitos que isso pode ter no comportamento social; especifi camente, como isso pode fazer com que você interaja com pessoas d maneira diferente. Então vamos testá-la.

Em nosso primeiro experimento simples, temos duas pessoas: Ala e João. O fator que controlamos é se eles bebem chá ou não. Ala está em uma *condição experimental* e recebe uma xícara de chá. Joã está no outro grupo e não recebe nada. Então medimos algo: ele interagem com um pesquisador e são filmados. Mais tarde, outro pesquisadores (que não sabem em quais condições estão Alan e Joã assistem a esses vídeos e escrevem o quão amigavelmente Alan e Joã estão agindo. Eles contam o número de sorrisos dados, o número de amabilidades que murmuram e assim por diante. Digamos que Alan teve uma pontuação mais alta na nossa escala de cordialidade. Agora nós provamos que o chá torna as pessoas mais amáveis? Tire um momento e pense em outras explicações para os nossos resultados. Suas explicações provavelmente podem ser colocadas em duas categorias: elas podem ter a ver com as *diferenças entre as pessoas*, Alan e João neste caso, ou elas podem ser devidas às *diferenças entre as condições experimentais*, neste caso, receber ou não uma xícara de chá. O método científico nos dá soluções notáveis para cada um desses dois conjuntos de problemas.

Diferenças entre as pessoas

Aqui estão algumas razões por que Alan pode ter tido uma pontuação mais alta que João na escala de cordialidade depois de beber uma xícara de chá:

- Alan sempre foi mais amável que João.
- João não dormiu bem na noite passada, então está se sentindo um pouco mal-humorado hoje.
- A pesquisadora lembrou João de sua ex-namorada, que partiu seu coração, e ele ainda está magoado.
- Alan está usando delineador e está se sentindo especialmente confiante e paquerador hoje.

O problema é que existem milhões de diferenças em potencial entre Alan e João. Como podemos ter certeza de que suas pontuações diferentes no teste são devidas ao chá e não a qualquer outro desses fatores? Podemos medir quantos fatores forem possíveis (suas pontuações de cordialidade antes do teste, seu nível de sono, suas opiniões sobre a pesquisadora), mas de quantas precisamos? Como sabemos quais medir? O outro problema é que realmente não estamos interessados em Alan e em João em particular; estamos interessados nos efeitos do chá em todas as pessoas.

Esse parece ser um problema intransponível. Como podemos lidar com o fato de que as pessoas são diferentes de tantas maneiras: sua educação, sua personalidade, seu humor naquele dia, se gosta ou não da pesquisadora, e assim por diante. Tudo isso poderia influenciar como se comportam em nossos experimentos. Como descontamos todos esses fatores sobre as pessoas para que possamos focar aquilo que nos importa: se é o efeito do chá ou qualquer outra coisa que estudarmos em psicologia social?

Se tivermos dois grupos de pessoas, aquelas que recebem uma xícara de chá e aquelas que não recebem, então podemos tentar ter certeza de que em cada grupo existe um número igual de pessoas amáveis, de pessoas que bebem chá regularmente, de homens e mulheres, de extrovertidos e introvertidos, de pessoas felizes e tristes. Mas é praticamente impossível medir ou controlar todos esses fatores — são fatores demais. Então como temos certeza de que esses dois grupos de pessoas são exatamente os mesmos em todos os aspectos, tirando o fato de que um grupo recebe chá e o outro não?

A resposta é bem notável: nós desistimos. Nem tentamos medir ou controlar todos esses fatores. Não fazemos nada e deixamos tudo isso nas mãos dos deuses. Ou ainda, deixamos para o acaso. Isso é chamado de *atribuição aleatória*. E significa que você coloca seus participantes aleatoriamente em suas condições experimentais. Quando as pessoas chegam ao seu laboratório, você tira cara ou coroa, literalmente, para colocá-las no grupo do chá ou no grupo sem o chá. Essa jogada da moeda é que resolve o problema experimental de todas as diferenças que existem entre as pessoas.

LEMBRE-SE

Isso pode parecer um detalhe metodológico pequeno, mas a atribuição aleatória é a chave para o método experimental na psicologia social. As ciências, como a química, não têm esse problema. As moléculas de hidrogênio são idênticas umas às outras e se comportam da mesma maneira em todo o mundo. Mas nós estudamos pessoas, e elas diferem em todos as maneiras que mudam como se comportam. Contudo, podemos executar experimentos científicos rigorosos nelas, graças ao poder da atribuição aleatória.

Aqui está o raciocínio por trás da atribuição aleatória. Se você colocar pessoas em dois grupos aleatórios, então pode ter certeza que em *qualquer coisa que medir* sobre elas — altura, inteligência, gostar de música pop dos anos 1980 — a média entre esses dois grupos será mais ou menos a mesma. Podemos ir ainda mais além nesse pensamento. Ao longo dos últimos 100 anos, desenvolvemos ferramentas estatísticas muito inteligentes. Elas podem nos dizer com grande precisão qual a probabilidade de uma diferença entre os dois grupos existir por causa de uma aleatoriedade.

Resumindo, não podemos medir ou controlar todas as maneiras pelas quais as pessoas são diferentes. Então, em experimentos, nós as atribuímos a grupos aleatórios, *porque sabemos exatamente como a aleatoriedade se parece*. No nosso exemplo do chá, podemos atribuir pessoas aleatoriamente ao grupo do chá e ao do sem chá. Se as pontuações no teste são diferentes entre esses dois grupos, podemos dizer se a diferença é devida à aleatoriedade ou à diferença real em seus comportamentos. Se estiverem se comportando de maneira diferente, então podemos ter certeza de que é devida ao fato de alguns terem bebido chá e outros não, e que não é só porque pegamos participantes mais felizes, amigáveis e menos sonolentos em um grupo e não no outro.

Note que essa lógica só funciona se seus participantes realmente forem atribuídos aleatoriamente. Digamos, por exemplo, que você executou esse experimento do chá em uma universidade e o fez em dois estágios, pela manhã e à tarde. Seus participantes podiam se inscrever em qualquer um desses dois períodos. Isso não é atribuição *aleatória*. Pode ser que as pessoas que escolheram o período da manhã sejam alunos mais motivados e extrovertidos que terão uma pontuação maior no teste de cordialidade.

Ou, para pegar outro exemplo, digamos que a pesquisadora resolva colocar as pessoas em grupos diferentes de acordo com a primeira letra de seus sobrenomes. Isso não é aleatório: pessoas que vêm da mesma parte do mundo frequentemente têm o mesmo sobrenome. Então isso tecnicamente tenderá a que se escolha colocar números desiguais de culturas e etnias diferentes nos dois grupos. A atribuição aleatória só funciona se for feita pelo pesquisador e se for realmente aleatória.

Diferenças entre as condições experimentais

A atribuição aleatória resolve o problema de todas as diferenças que existem entre os participantes em nossos experimentos. Voltando ao nosso experimento sobre o chá com Alan e João, você talvez tenha pensado em outras explicações para o porquê de eles terem pontuações diferentes em nosso teste de cordialidade. Queremos ver se o *chá* teve algum efeito na cordialidade, mas se Alan tem uma pontuação maior que João depois de tomar uma xícara de chá, pode ser porque:

- Bebidas quentes ajudam a esquentar o corpo e era um dia frio, o que deixava as pessoas sem chá irritadas.
- Ficar bem hidratado aumenta sua cordialidade.
- João ficou um pouco chateado quando viu Alan receber uma xícara de chá. Ele se sentiu um pouco ressentido com a pesquisadora e, por isso, foi pouco amigável.
- As pessoas acreditam que se sentem melhor quando tomam chá pela manhã. Essa crença melhorou o humor de Alan e o levou a agir mais amigavelmente com a pesquisadora.

Então por que a bebida ajudou Alan? Foi por causa do chá especificamente ou foi por outras razões? Como podemos excluir essas outras explicações? Para lidar com as diferenças entre as pessoas, podemos usar o poder da atribuição aleatória. Infelizmente, não há um remédio mágico para lidar com esse problema.

A questão é que temos um fator específico que queremos estudar: nossa hipótese experimental de que um aumento no consumo de chá melhorará a performance na escala da cordialidade. Mas veja nossas duas condições experimentais — tomar uma xícara de chá e não tomá-la. Essas duas condições certamente diferem nesse fator crucial do chá. Mas também diferem em todo um conjunto de outras maneiras — beber líquidos, ficar aquecido, receber algo bom do experimentador, e assim por diante. O termo técnico para esses outros fatores é *confundidor* ou *variáveis de confusão*. Elas são diferenças indesejadas entre as condições experimentais. São indesejadas porque não podemos dizer se as diferenças entre as pontuações das condições são devidas a um fator que nos importa ou devidas a todas as outras variáveis de confusão.

DICA

Quando dois psicólogos sociais discutem sobre um resultado, geralmente é porque um acha que o outro tem variáveis de confusão em seu experimento. Muitas vezes é difícil projetar experimentos sobre o comportamento social sem nenhum fator passível de confundir os resultados. Quando você lê sobre uma nova pesquisa, pensa cuidadosamente sobre a existência de qualquer variável de confusão que poderia fornecer uma explicação diferente daquela dos pesquisadores originais.

O problema é bem conhecido e é tratado mais facilmente em outras ciências, como a medicina. Quando testa um novo remédio, um médico dá a um grupo o remédio real e para o outro, um *placebo*: um comprimido que parece o mesmo mas não tem efeitos médicos. Isso garante que em todos os aspectos — visitas ao médico, crença de estarem em um teste, a esperança de melhorar — os dois grupos sejam idênticos. A única diferença é se eles tomaram ou não o remédio.

Mas, na psicologia social, isolar e controlar as condições experimentais são muitas vezes mais difíceis porque estamos estudando o comportamento social das pessoas, que é baseado em suas experiências do mundo real, onde fatores causais estão frequentemente inter-relacionados. Veja o caso do "viés da própria raça" para reconhecimento de rostos. Isso significa, por exemplo, que norte-americanos brancos conseguem reconhecer e lembrar melhor de rostos de outros norte-americanos brancos do que de norte-americanos negros.

Podemos concluir que as pessoas processam melhor os rostos de seu próprio grupo racial? Bem, sim, de certo modo. Mas, das evidências que apresentei aqui, pode não ter nada exatamente a ver com a raça. As sociedades ainda são racialmente segregadas até certo ponto. Se você é branco nos Estados Unidos, é mais provável que passe mais tempo com pessoas brancas. Em outras palavras, existe uma variável de confusão presente. Para os participantes brancos, os rostos negros pertencem a outro grupo social, mas também são rostos menos familiares. As diferenças entre rostos brancos e negros têm a ver com grupos raciais ou com rostos familiares? Como veremos no Capítulo 10, os pesquisadores tiveram muito trabalho desconfundindo essas variáveis. Mas espero que você tenha entendido o quanto essa questão pode ser complicada na psicologia social.

A melhor maneira de contornar o problema das variáveis de confusão é reprojetar o experimento com mais cuidado. O caso ideal é aquele em que a *única* diferença entre as duas condições esteja no fator importante para você. Em nosso exemplo, a hipótese experimental é a de que a presença do chá melhora a cordialidade. Em uma condição, a pesquisadora faz uma xícara de chá normal. Em outra, é água quente com leite, açúcar e um substituto de chá descafeinado. Agora nós removemos todos os confundidores? Bem, não exatamente...

Temos certeza de que as duas bebidas têm o mesmo gosto? Poderíamos melhorar a pesquisa fazendo também um teste de sabor antes do experimento principal, para ver se outros participantes podem notar a diferença entre as duas bebidas ou se têm uma preferência por uma delas. Isso é bom, mas mesmo supondo que as duas bebidas tenham o mesmo gosto, ainda resta uma variável de confusão.

No nosso projeto atual, quando os pesquisadores entregam uma xícara de chá, eles sabem se ela tem chá ou não. Você pode achar isso surpreendente, mas temos boas evidências que nos fazem acreditar que o conhecimento que os pesquisadores têm sobre a condição experimental tem o potencial de influenciar o comportamento dos participantes e mudar os resultados.

Experimentos em escolas, por exemplo, envolveram um cientista entrando em uma sala de aula e tirando algumas crianças de lá para um "teste cognitivo". Foi dito à professora quais crianças pontuaram na categoria "altamente inteligente". Mais tarde, o cientista voltou à sala de aula. Ele pediu à professora que desse notas às performances das crianças e continuou seu próprio teste.

Na verdade, não houve nenhum "teste cognitivo" no primeiro momento. O cientista escolheu algumas crianças aleatoriamente e disse para a professora que elas eram altamente inteligentes. Essa informação falsa tinha dois efeitos. Ela aumentava a avaliação da performance do aluno pela professora, mas também aumentava a performance do aluno no segundo teste. O que provavelmente aconteceu é que a professora formou uma opinião positiva dos alunos "altamente inteligentes". Ela então dava mais atenção a eles, os chamava para responder perguntas e talvez fazia perguntas para desafiá-los. Desta maneira, a expectativa da professora mudou o comportamento das crianças e suas pontuações no teste.

De maneira similar, no decorrer de um experimento de psicologia social, se um pesquisador tem conhecimento sobre a condição e espera que os participantes reajam de uma certa maneira, a expectativa pode mudar o comportamento desses participantes. Então, um projeto ainda melhor para o nosso experimento seria ter um segundo pesquisador que fizesse as bebidas, um chá de verdade e o outro não, em uma caneca azul e em uma vermelha. Os fazedores de bebidas entregariam, então, as canecas ao outro pesquisador, sem dizer qual bebida está em qual caneca. Agora temos algo se aproximando de um bom projeto. A única diferença entre as duas condições é a presença ou a ausência de chá. Mas ainda há mais uma coisa com a qual nos preocupar...

Operacionalização: Transformando conceitos em coisas que você pode contar

A *operacionalização* é o que torna a psicologia social uma ciência. É o processo de pegar um conceito — conformidade, preconceito, felicidade, culpa, alívio, atração, tédio — e transformá-lo em algo que pode ser observado e medido. Com o experimento do chá, por exemplo, dissemos que queríamos testar se ele tornava as pessoas melhores. Como operacionalizamos isso? Qual é a medida correta de "gentileza"?

Claro que em ciências como física e química isto é fácil. Elas têm balanças, velocímetros, papéis de tornassol e termômetros. Todos esses dispositivos podem medir um conceito como massa, velocidade, acidez e calor, e dar a eles um número. Fácil. Mas nós não temos engenhocas com mostradores e leitores que possam nos dizer o quanto as pessoas estão felizes ou se elas gostam de alguém ou, ainda, se são obedientes. Então, na psicologia social, temos que trabalhar muito duro para encontrar maneiras pelas quais possamos medir e quantificar essas coisas.

Muitas vezes podemos apenas pedir que as pessoas nos deem números. "Qual o seu nível de felicidade em uma escala de 1 a 7?", por exemplo. Mas frequentemente fazer perguntas como essas às pessoas não funciona porque estamos medindo um processo inconsciente sobre o qual elas não conseguem nos contar, porque sentem-se pressionadas a nos dar uma resposta socialmente aceitável ou porque não queremos que elas saibam o que o experimento está estudando. Este é o grande desafio da ciência social, mas é uma das razões de poder ser uma ciência estranhamente criativa. Aqui estão alguns exemplos reais de operacionalizações na psicologia social:

- **Afeição.** Um experimentador entrevista os participantes. Durante a entrevista ele sutilmente imita a postura e os gestos dos participantes para ver se isso o torna mais agradável. No final da entrevista, o experimentador "acidentalmente" derruba uma caixa de lápis de cima da mesa. A afeição é operacionalizada pelo número de lápis que o participante o ajuda a recolher antes de ir embora.
- **Atração.** Pesquisadoras do sexo feminino fizeram uma entrevista de pesquisa com participantes do sexo masculino enquanto estavam em pé em uma ponte baixa ou em uma ponte alta. No final da pesquisa, elas deram a eles um número de telefone para que ligassem e descobrissem o resultado da pesquisa. As pesquisadoras não estavam nada interessadas na pesquisa. Elas estavam operacionalizando a atração interpessoal para ver se os participantes ligavam ou não para a pesquisadora e a chamavam para sair. Os participantes eram mais propensos a fazer isso se tivessem encontrado a pesquisadora em uma ponte alta. Eles confundiam o medo que sentiam em pé na ponte alta com excitação em relação à outra pessoa.
- **Obediência.** Os participantes andavam em grupos em um campo. Eles vagavam em seu próprio passo ou marchavam ao mesmo tempo uns com os outros. Mais tarde era pedido que eles jogassem

punhados de pequenas larvas por uma canaleta que ia até um moedor. A obediência à autoridade foi operacionalizada como o número de larvas que eles jogavam pela canaleta, seguindo essas ordens. Nenhuma larva foi ferida, já que a canaleta levava até outra caixa. Mas os participantes jogavam mais larvas pela canaleta se houvessem marchado juntos.

Você verá uma grande variedade de outras operacionalizações neste livro. Para cada uma, a pergunta que você deve se fazer é: essa operacionalização mede o que deve medir?

Entendendo os Experimentos e as Estatísticas

Agora você entende alguma coisa do poder e das dificuldades do método científico. Nesta seção, mostraremos como aplicar esse entendimento aos experimentos que você leu neste livro, na mídia e em artigos científicos. Para isso, você precisa de uma compreensão básica de jargões científicos e estatística. Palavras técnicas longas e linguagem matemática alienígena são o que distancia muitas pessoas de lidarem com a pesquisa científica. Mas não precisa. Na seção posterior, "Levando a terminologia experimental a sério", mostraremos como um conhecimento limitado de jargões científicos é o suficiente para destravar o estudo de psicologia social mais difícil de ler, e você não precisa saber como executar nenhum cálculo complicado para entender por que os cientistas usam a estatística e o que ela pode revelar. Demonstraremos que se você entende algumas ideias básicas por trás da estatística, você vê como permite que os cientistas coletem evidências de suas teorias. Também descreveremos como você pode aplicar essas ideias quando lê sobre os experimentos neste livro e em outros lugares.

Para esta seção, imagine um experimento que estuda como as pessoas entram em acordo com aqueles ao seu redor. (Você pode ler sobre os experimentos reais deste tópico no Capítulo 13.) Montamos um experimento em que era pedido aos participantes que subissem dois andares de elevador. Antes de eles mesmos pegarem o elevador, observavam outras pessoas chamarem-no pressionando rapidamente o botão duas vezes. Quando os participantes chamarem o elevador, eles também pressionarão o botão duas vezes? Racionalmente, todos nós sabemos que apertar o botão apenas uma vez é o suficiente para chamar o elevador, mas as pessoas são dispostas a entrar em conformidade com o comportamento das outras mesmo quando não têm uma razão racional para isso.

Queremos estudar uma coisa em particular. As pessoas têm mais propensão a entrar em acordo com o comportamento de outras pessoas que estão no mesmo grupo social delas? Neste caso, teremos participantes da University College London. As outras pessoas que eles observarão serão todos atores seguindo minhas instruções. Eles vestirão roupas que os identifiquem como alunos da University College London ou da Imperial College London, do outro lado da cidade. A pergunta de nossa pesquisa é: a conformidade dos nossos participantes será determinada pela associação com a faculdade?

Levando a terminologia experimental a sério

O projeto experimental tem seu próprio jargão. Fazer um esforço para entender esses termos vale a pena, já que pode ajudar muito a clarear seu raciocínio. Quando você ler sobre um experimento, tente identificar esses elementos diferentes para ajudá-lo a compreender a estrutura e a lógica do experimento e, assim, julgar sua força.

Participantes

São os seres humanos que participam do experimento. Costumávamos chamá-los de "sujeitos" e você ainda se depara com essa palavra em artigos de pesquisas mais antigas (ou de pesquisadores mais velhos). Em nosso exemplo, os participantes são alunos da University College London.

Variáveis independentes ou condições experimentais

São as coisas que o pesquisador controla. Às vezes, dizemos que eles *manipulam* essas variáveis. No nosso exemplo, estamos manipulando a variável independente do grupo social dos transeuntes. Ou podemos dizer que este experimento tem duas *condições* experimentais: a condição de endogrupo (transeuntes usando roupas da University College London) e a condição de exogrupo (usando roupas da Imperial College London).

Variável dependente

Essa é a principal coisa que o pesquisador mede. É o foco do experimento, as previsões que o pesquisador fez. Se você vir uma tabela ou um gráfico com alguns dados, é quase certo que seja a variável dependente. Neste exemplo queremos estudar a conformidade, que pode se referir a muitos tipos diferentes de comportamento. Temos a conformidade *operacionalizada* aqui a um comportamento em particular: pressionar o botão do elevador duas vezes depois de ver outros fazê-lo. Isso é algo específico que podemos medir. Também poderíamos operacionalizar isso como quanto tempo leva para que os participantes pressionem o botão duas vezes pela primeira vez ou quantas vezes depois eles repetem essa ação. Poderíamos até medir a força com que eles apertam o botão a cada vez.

Hipótese experimental

Esta é uma afirmação que conecta as variáveis independentes com a variável dependente. É o ponto crucial do experimento: o ponto em que os dados se encontram com a teoria. No nosso exemplo, a hipótese experimental é que a afiliação do transeunte ao grupo influenciará o grau de conformidade exibido pelos participantes.

Hipótese nula

Esta é a afirmação de que não há conexão entre as variáveis independentes e a dependente: de que a hipótese experimental está errada. Então aqui nossa hipótese nula é a de que as roupas dos transeuntes não terão efeito nenhum no nível de conformidade exibido pelos participantes.

Covariáveis

Estas são coisas que os pesquisadores podem medir, mas não são o foco do experimento. Por exemplo, o pesquisador pode manter o controle da idade dos participantes porque espera que participantes mais velhos tomem decisões mais lentamente. Esse efeito da idade não é realmente relevante à hipótese do experimento. Então, os pesquisadores simplesmente mantêm o controle das idades dos participantes para poder contabilizá-las em suas análises.

Estatística descritiva

Estes são números ou gráficos que resumem os dados. O exemplo mais comum são os valores médios das variáveis dependentes em condições diferentes.

Estatística inferencial

Estas são as análises estatísticas que pesam as diferenças que foram encontradas nos dados. Os resultados das análises são apresentados de muitas maneiras, mas normalmente um valor *p* é relatado. Essa é a probabilidade de as diferenças encontradas serem devidas ao acaso. Se o valor *p* é menor que 5% (geralmente escrito como $p < 0,05$), então as diferenças são ditas como sendo *estatisticamente significantes*. Em outras palavras, elas não são devidas ao acaso.

LEMBRE-SE

Lembre-se de que a *significância estatística* tem um significado estatístico preciso de algo não ser devido apenas à aleatoriedade do acaso. Resultados "significantes" não são necessariamente importantes, dignos de nota ou empolgantes (embora o pesquisador que os encontrou pense que são). Então, quando escrever trabalhos sobre pesquisas, tenha o cuidado de ser claro sobre qual sentido da palavra você está usando.

Tirando conclusões

O método científico tem regras que determinam o que você está autorizado a concluir, de acordo com seus dados e sua estatística inferencial. Quando psicólogos sociais revisam os artigos uns dos outros, eles ficam extremamente atentos a essas regras e não permitem que o artigo seja publicado se acham que as regras foram quebradas.

Muitas vezes, o resultado mais importante da análise estatística de um pesquisador é o valor *p* — a probabilidade de os resultados serem devidos ao acaso ou a um efeito real das manipulações experimentais. A convenção é a de que se a probabilidade for maior que 5%, concluímos que as diferenças entre as condições foram apenas devidas ao acaso. Neste caso, a hipótese nula é apoiada, e os dados não permitem que você diga muito mais. Então, você acharia muito difícil conseguir que seu experimento fosse publicado em um jornal, porque seus dados permitem que se diga pouca coisa.

Mas se a estatística inferencial diz que os resultados têm uma chance menor que 5% de ocorrer ao acaso, então as diferenças são julgadas como muito grandes para uma chance aleatória. Neste caso, elas são chamadas de diferenças *significantes*: isso significa que a hipótese nula pode ser rejeitada.

LEMBRE-SE

Resultados significantes não provam que a hipótese experimental é verdadeira. Tudo o que mostram é que você pode rejeitar a hipótese nula. Em outras palavras, você provou que existe alguma conexão entre as variáveis dependente e independentes. Essa conexão poderia ser a descrita pela sua hipótese experimental ou poderia ser outra explicação que você ainda não excluiu ou na qual ainda não pensou.

O que esses 5% de significância realmente significam? A marca dos 5% é inteiramente arbitrária. Convencionamos esse número cerca de 100 anos atrás e nunca voltamos a mudá-lo. A marca dos 5% era o esboço de um compromisso entre o que as pessoas pensavam que era muito improvável (uma chance de 1%) e não tão improvável assim (uma chance de 10%). Não há nenhuma base matemática ou científica real.

Você pode se sentir um pouco surpreso com isso. Nós temos um método científico muito rigoroso detalhando como os experimentos são projetados. Temos técnicas estatísticas complexas para quantificar a probabilidade com grande precisão. E todas essas ferramentas altamente sofisticadas visam um alvo — o nível de significância de 5% — que é simplesmente inventado. Parece estranho, não? Isso significa, por exemplo, que 5% de todos os experimentos psicológicos sobre os quais você lê são, provavelmente, devidos ao acaso? Isso indicaria que um em cada 20 experimentos em cada revista e livro didático está simplesmente errado!

Felizmente, esse não é o caso. A psicologia social, como as outras ciências, tem uma prática de *replicar* resultados. Isso significa que depois que alguém executa um experimento, outros pesquisadores em outros laboratórios pelo mundo tentam copiar o experimento exato para conseguir os mesmos resultados. Se não conseguem, voltamos à prancheta e tentamos descobrir o porquê. Então, mesmo que cada experimento individual tenha que passar apenas pelo nível dos 5%, no geral, por meio de um processo de replicação, podemos construir um conjunto de ideias e dados que são sólidos e confiáveis.

Fortalecendo as evidências

Nos últimos anos, muitos pesquisadores ficaram preocupados com os padrões de evidência em nosso campo e, em particular, nossa confiança no nível de significância de 5%. Existem duas razões para a preocupação. Uma é que nós não estamos levando tempo suficiente replicando os resultados e compartilhando os dados de replicação. Existem alguns experimentos, diz o argumento, que não são replicados adequadamente antes ou depois de serem publicados em jornais de alto nível e escritos em livros didáticos. Se as pessoas tentam replicar o experimento, mas não conseguem os mesmos resultados, ninguém fica sabendo, porque ninguém se dispõe a publicar um experimento que "não conseguiu" replicar. Essas práticas correm o risco de permitir resultados fracos se tornarem conhecimentos aceitos.

A outra preocupação é mais séria. Vários casos de alto nível de fraude científica ocorreram recentemente, em que os pesquisadores simplesmente inventaram dados ou brincaram com seus resultados para conseguir significância. Se não estivermos replicando resultados o suficiente e se estivermos apenas confiando no nível de significância de 5%, a preocupação é que esses casos de fraude passem despercebidos.

A boa notícia é que muitas pessoas na psicologia social estão tentando enfrentar esses problemas de frente. Primeiramente, eles estão montando revistas, sites e grupos de laboratório que são focados em replicações sistemáticas e compartilhamento de dados, independente dos resultados. Em segundo lugar, os psicólogos sociais estão se tornando cada vez mais sofisticados em como lidam com seus dados. Em vez de apenas confiar no valor *p*, fornecer estatísticas que dão uma visão mais profunda do tamanho e da natureza do efeito está se tornando cada vez mais comum. Muitas revistas pedem aos pesquisadores que publiquem todos os seus dados também *online*, para que outros pesquisadores possam analisar seus resultados de maneira independente.

Reconhecendo experimentos sociais bons e ruins

Os resultados de um experimento são apenas tão bons quanto a qualidade do próprio experimento. Argumentamos anteriormente que, como psicólogos sociais, nós devemos ter muito cuidado com o senso comum. Acreditar na conclusão de um experimento só porque ele concorda com o que você pensava em primeiro lugar é muito fácil. Um bom cientista sempre pesa a força dos métodos experimentais e a evidência, em vez do atrativo da conclusão.

Por exemplo, um estudo perguntava se as diferenças entre homens e mulheres poderiam ser observadas em bebês muito novos. Essa é uma boa pergunta para se fazer. Alguns acham que as diferenças entre os sexos são configuradas em nossa biologia. Outros acham que nossa cultura espera que os meninos ajam de uma maneira e as meninas de outra, e que as crianças aprendem isso lentamente de sua sociedade à medida que crescem, e agem de acordo. Então, os pesquisadores testaram sua hipótese. Eles encontraram bebês que não tinham mais do que duas semanas de idade conseguindo os registros de uma ala de maternidade. Eles observaram esses bebês e contaram coisas simples sobre sua atividade, como o quanto moviam seus membros e com que frequência choravam.

Eles descobriram que os meninos eram mais ativos. Não muito, mas havia uma diferença estatisticamente significante. Eles agitavam mais seus braços e pernas. Eles também choravam mais e eram mais barulhentos. Isso estava de acordo com a crença que muitas pessoas têm que meninos são mais barulhentos e têm mais energia que as meninas, e mostrava que essa diferença estava presente desde muito cedo, presumivelmente antes de os bebês meninos e meninas poderem aprender como "deveriam" agir. Então essa é uma boa evidência de que tais diferenças entre os sexos são inatas? Bem, nesse caso existia uma variável de confusão. Descobriu-se que o hospital que deu os registros de nascimento aos pesquisadores era em Nova York e servia a uma área predominantemente judia da cidade. Frequentemente, oito dias depois que um menino judeu nasce, ele é circuncidado. Então, na verdade, há outra explicação para o porquê de aqueles meninos estarem agitando suas pernas um pouco mais e chorando um pouco mais alto.

Claro, outros estudos foram feitos desde então e os pesquisadores descobriram algumas pequenas diferenças entre meninos e meninas. O ponto da história é que bons cientistas precisam ser incrivelmente cuidadosos para evitar variáveis de confusão, fraquezas no projeto do experimento e problemas em suas análises. Eles não podem simplesmente concordar com uma conclusão porque parece ser verdadeira.

2

Entendendo Atitudes e Ações

NESTA PARTE . . .

Entenda tudo sobre atitudes: o que elas são, o que fazem e como medi-las.

Saia em busca de atitudes implícitas, as conexões entre suas ideias, pensamentos e sentimentos que funcionam sob a sua consciência cotidiana.

Descubra as ligações entre as atitudes que governam o que pensamos e sentimos e como fazem com que nos comportemos no mundo.

NESTE CAPÍTULO

Entendendo as atitudes

Observando as atitudes e os comportamentos

Considerando as complicações das atitudes

Capítulo 4

Avaliando Atitudes: Os Átomos Problemáticos da Psicologia Social

Atitudes são o conjunto de gostos, amores, irritações e preferências que cercam sua opinião em relação ao mundo à sua volta. As atitudes são vitalmente importantes, afetando como as pessoas conduzem seus relacionamentos pessoais e como organizam a sociedade em geral. Em democracias, as atitudes das pessoas selecionam líderes e os tiram do governo. Se uma sociedade é baseada no consumo, as atitudes das pessoas em relação a um produto podem levar uma empresa à riqueza ou à falência.

Considere a internet por um momento. As pessoas muitas vezes pensam nela como uma loja muito grande de conhecimento onde descobrem informações lendo jornais ou recorrendo à Wikipédia. Mas os psicólogos sociais não veem os usuários de internet consumindo conhecimento, mas trocando atitudes: compartilhando fotos e artigos, "curtindo" os *posts* do Facebook uns dos outros e assistindo a vídeos específicos porque milhões de outras pessoas estão assistindo a esses clipes naquele dia. Contadores de visitas, tendências, comentários e "curtidas" são as maneiras pelas quais as atitudes das pessoas moldam a internet. Quando os psicólogos sociais olham a internet, eles veem não tanto uma superestrada de informação, mas uma superestrada de *atitudes*.

Medir, entender e prever as atitudes das pessoas é central para a vida delas e para a psicologia social. De fato, alguns especialistas pensam nas atitudes como átomos da psicologia social — os blocos de construção fundamentais do pensamento social. Mas assim como os cientistas agora entendem que os átomos não podem explicar tudo o que se observa, e que outras partículas e forças estão trabalhando, os cientistas sociais sabem que as atitudes não são tão diretas quanto as pessoas imaginam.

Neste capítulo, eu lhe mostro como os cientistas buscam entender esses átomos da psicologia social, introduzindo algumas ferramentas, como pesquisas e enquetes, que os psicólogos usam para medir atitudes. Trato também de algumas das forças que influenciam as atitudes das pessoas e revelam como os problemas surgem quando os pesquisadores confiam nas pessoas declarando suas "verdadeiras" atitudes. O fato é que atitudes declaradas nem sempre refletem o comportamento.

Adotando uma Atitude para Atitudes

Como muitos termos na psicologia social, a palavra "atitude" é muito usada na fala cotidiana. Portanto, você precisa entender claramente seu significado no contexto científico.

LEMBRE-SE

Essencialmente, a *atitude* de alguém é o valor que uma pessoa coloca em alguma coisa, e os psicólogos sociais frequentemente chamam essa "coisa" de *objeto da atitude*. Uma atitude é basicamente uma avaliação sobre se o objeto daquela atitude é "bom" ou "ruim". O termo técnico para essa avaliação é *valência*, que neste contexto não significa nada mais que um sinal de positivo (+) ou negativo (-).

Embora um conjunto de atitudes possa ser complexo, heterogêneo e até mesmo contraditório, individualmente elas são bem simples. Por exemplo, eu tenho uma atitude em relação a comer porcarias. Na maioria das vezes, é uma atitude negativa, porque eu sei que não é saudável e esses alimentos são gordurosos. Mas, ocasionalmente, quando estou com o humor certo ou com muita fome, tenho também atitudes positivas em relação a comer besteiras.

O trabalho difícil para os psicólogos sociais é entender tais atitudes opostas, de modo que possam prever — e talvez influenciar — quando eu posso escolher ser virtuoso (mordiscando delicadamente uma salada verde) e quando escolherei não ser saudável (me empanturrando com um *cheeseburger* duplo com bacon). Nesta seção, investigamos uma maneira útil de abordar atitudes, os efeitos que elas podem ter e como os psicólogos tentam medi-las.

Descobrindo as três dimensões das atitudes

Na década de 1960, os psicólogos Rosenberg e Hovland disponibilizaram uma maneira clara e simples de pensar sobre atitudes. Eles disseram que cada atitude tem três dimensões, o ABC das atitudes:

LEMBRE-SE

- **Afeto:** É o termo que os psicólogos usam para sentimentos e emoções. Significa que cada atitude tem um aspecto emocional positivo ou negativo. Imagine uma escala de medida que vai de aversão extrema em uma ponta, passa por desgosto leve, por afeição e vai até amor extremo. Cada atitude está em algum lugar dessa escala. Por exemplo, considere algo comum: "manteiga". Todos têm um sentimento em relação a ela, seja positivo ou negativo.
- **Comportamento:** As atitudes devem se conectar a ações e comportamentos de alguma maneira. Se você diz: "Eu odeio manteiga" e então come alegremente um pouco em uma torrada quando lhe oferecem, parece gostar e compra um pote mais tarde, sua atitude provavelmente *não* é a de odiar manteiga. Na seção

"Tendo um Problema de Atitude", a seguir neste capítulo, eu explico que os cientistas descobriram um relacionamento intrigante e complicado entre as atitudes e as ações. Mas como uma definição inicial que tenta capturar o significado da palavra, Rosenberg e Hovland pensaram que as atitudes *devem* ter, pelo menos, alguma conexão com o comportamento.

» **Cognição:** As atitudes podem ser expressadas em pensamento ou em discurso — elas têm um componente cognitivo. Se você perguntar a alguém: "Você gosta de manteiga?", e a pessoa simplesmente encolher os ombros, incapaz de dizer qualquer coisa, ela realmente não tem uma atitude explícita. Claro, ela pode ter uma atitude *implícita* detectável em seu comportamento, como discuto no Capítulo 5. Mas se você não consegue dizer qual é a atitude, sob o esquema de Rosenberg e Hovland, você não tem uma.

Entendendo o que as atitudes fazem

Você pode ter uma certa atitude em relação a algo por muitas razões. No Capítulo 10, falamos de como suas experiências, observações e tendências produzem suas opiniões e preferências específicas em relação aos julgamentos que faz sobre outras pessoas, mas aqui eu discuto as funções que suas atitudes realizam: o que elas fazem por você. Em 1960, o psicólogo Daniel Katz descreveu quatro funções diferentes, e essa estrutura é útil ainda hoje.

Função de conhecimento

Suas atitudes são parte de como você entende o mundo. Ainda que atitudes sejam subjetivas, elas o ajudam a *organizar* informações e imagens mentais objetivas, e focar quais fatos são importantes.

Então você provavelmente tem uma atitude negativa em relação a Adolf Hitler, por causa de sua responsabilidade pela Segunda Guerra Mundial e pelo Holocausto, e não devido ao fato de ele ter sido vegetariano ou um pintor.

LEMBRE-SE

Em outras palavras, suas atitudes concentram você em um conjunto de fatos acima de outro.

Função utilitária

A *função utilitária* indica que suas atitudes podem servir a um propósito prático. Elas podem ajudá-lo a alcançar objetivos importantes. Como discutimos no Capítulo 13, um objetivo que todo mundo tem na vida é se sentir parte de um grupo. Adotar atitudes que estão de acordo com outros membros do grupo é uma maneira poderosa de se sentir mais próximo deles. Você já fingiu gostar de uma banda que nunca escutou, ou amar um livro que nunca leu, só para se encaixar em um grupo de pessoas que você quer que o aceite?

Adotar atitudes pode servir a outras funções também. Expressar uma visão negativa das pessoas que bebem e dirigem, por exemplo, pode reduzir esse comportamento na sociedade. Esse aspecto da função da atitude é às vezes chamado de *instrumentalidade*, a ideia-chave sendo que cada atitude é um meio para um fim.

Função de defesa do ego

Por *defesa do ego*, queremos dizer que as pessoas são mais felizes quando têm uma visão positiva de si mesmas. Mas sua autoestima pode ser atacada por todos os lados: uma nota zero em um trabalho, uma mensagem de término de namoro no telefone ou o olhar presunçoso de uma criança de seis anos quando ganha de você no xadrez.

LEMBRE-SE

Uma função das atitudes é proteger as pessoas contra esses efeitos potencialmente prejudiciais. Se você acha que a professora que lhe deu a nota é uma idiota, que nunca gostou do cafajeste com quem estava namorando ou que deixou a criança ganhar porque você é uma boa pessoa, essas experiências não o atingem muito. No Capítulo 8, você verá como as pessoas são sistematicamente tendenciosas em como se veem, e descobrirá como as atitudes o protegem do mal.

Função de valor expressivo

Algumas das suas atitudes são mais que referências e caprichos: elas expressam valores que são fundamentais para quem você é. Por exemplo, a igualdade pode ser um princípio importante para você, o que determina como reage a injustiças no mundo, quais partidos políticos apoia e até mesmo a carreira que escolhe. Esses valores são algumas das atitudes mais fortes que uma pessoa possui: elas são mais resistentes à mudança e têm uma influência maior no comportamento.

DICA

Evidências recentes mostram que expressar seus valores centrais parece impulsionar sua funcionalidade mental. Se você quer ir melhor em um teste, ter mais força de vontade para resistir a uma tentação ou ser um negociador mais eficaz e perspicaz, tente escrever uma pequena lista dos seus valores centrais antecipadamente.

Descobrindo maneiras de medir atitudes

Como você sabe, as pessoas medem atitudes através de perguntas a outras pessoas. Algumas enquetes e questionários perguntam sobre fatos objetivos, como altura, peso ou renda, mas essas não são atitudes. As perguntas que medem suas atitudes são as que buscam sua opinião subjetiva sobre alguma coisa. Questões subjetivas podem ser simples e diretas (por exemplo, se você gosta de manteiga) ou multifacetadas, perguntando sobre muitos aspectos diferentes de uma atitude. Por exemplo, para investigar as atitudes de uma pessoa em relação à França, você pode perguntar: "Você passaria suas férias na França? Gosta de comida francesa? Tem algum amigo francês?". Combinando todas as respostas estatisticamente, você pode ter uma ideia da atitude geral de uma pessoa em relação à França. Ou pode olhar para os aspectos separadamente para ver se existe alguma contradição interessante em potencial; por exemplo, talvez as pessoas gostem da comida de um país, mas não do clima.

LEMBRE-SE

Esses exemplos todos usam perguntas de sim ou não, mas a maioria dos questionários em psicologia social usa o que é chamado de *escala Likert*. Essas perguntas pedem que você dê uma resposta graduada por uma escala marcada. Por exemplo, você pode perguntar: "Você gosta de manteiga? Por favor, responda de 1 a 7, onde 1 significa 'nem um pouco' e 7 significa 'muito'". Essas respostas graduadas refletem melhor as atitudes mistas das pessoas que — deixando a manteiga de lado — raramente são polarizadas a respostas do tipo preto ou branco, mas são mais normalmente pintadas em tons de cinza.

Fazendo um grande número dessas perguntas a um grande número de pessoas e executando métodos sofisticados de análise estatística, os psicólogos têm uma maneira excelente de medir e entender as atitudes das pessoas.

Tendo um Problema de Atitude

Os psicólogos sociais têm um problema de atitude! Talvez eu deva refazer essa frase: eles têm um problema com atitudes. Embora as pessoas tenham um forte sentido de quais são suas próprias atitudes e os psicólogos sociais tenham uma maneira direta de descobri-las com questionários (como descrevemos na seção anterior), as notícias boas acabam por aí.

LEMBRE-SE

Os psicólogos sociais têm dois grandes problemas com atitudes. Até mesmo quando as pessoas lhes dizem sobre as atitudes delas em relação a alguma coisa, essas atitudes afirmadas não combinam necessariamente com:

- Como as pessoas se comportarão no futuro.
- O que elas *realmente* pensam.

Esses problemas existem devido ao fato que as atitudes que as pessoas transmitem para os pesquisadores podem ser facilmente influenciadas. A maneira como o pesquisador faz a pergunta pode determinar fortemente a resposta. Continue lendo para descobrir alguns exemplos surpreendentes de como as pessoas podem ser influenciadas quando falam de suas atitudes (até mesmo se contradizendo completamente ao longo de uma única entrevista), assim como algumas maneiras específicas de como as respostas sobre as atitudes podem ser desviadas.

Examinando o relacionamento entre atitudes e comportamento

Nesta seção, consideramos a ligação entre as atitudes e o comportamento e testamos a ideia de que as atitudes são vistas como as causadoras do comportamento.

EXPERIMENTE

Ao lado de cada pergunta a seguir, coloque um número entre 1 para "discordo totalmente" até 5 para "concordo totalmente":

- Dedicar-se a exercícios físicos regulares três vezes por semana favorece a saúde.
- Ingerir comidas variadas todos os dias, incluindo cinco ou mais porções de frutas frescas e vegetais, contribui para o bem-estar.
- É essencial que todos os cidadãos exercitem seu direito de votar se o governo tiver que refletir efetivamente o desejo do povo[1].
- A falta de moradia é um problema social sério que precisa de atenção.

Qual foi a média das suas respostas? Para a maioria das pessoas é cerca de 4.

Agora responda a essas perguntas usando o mesmo sistema de 1 a 5:

[1] N.E.: Diferentemente do Brasil, nos Estados Unidos o voto não é obrigatório

» Eu separo um tempo para me dedicar a exercícios físicos regulares, pelo menos três vezes por semana.

» Eu consistentemente como, pelo menos, cinco porções de frutas frescas e vegetais por dia.

» Eu votei nas últimas eleições.

» Eu fiz algo recentemente para tratar do problema de falta de moradia, como fazer uma contribuição, falar com uma pessoa sem moradia ou escrever para o meu político local.

Qual foi a média das suas respostas dessa vez? Eu acho que foi muito mais próxima de 1. Pelo menos é para a maioria das pessoas. Por que isso acontece?

O primeiro conjunto de perguntas questiona sobre suas atitudes em relação a certos problemas e ações, e o segundo conjunto pergunta se você executou ou não as ações que sensatamente surgiriam dessas atitudes. Quase todo mundo que faz esse teste sai se sentindo culpado e hipócrita, porque as atitudes das pessoas não parecem refletir bem suas ações.

LEMBRE-SE

O senso comum sugere que as atitudes explícitas deveriam causar os comportamentos, mas isso não acontece. Por quê? A resposta elegante e surpreendente é que o senso comum entende tudo ao contrário. A psicologia social mostra que muitas vezes é o comportamento que determina as atitudes. Discutimos essa ideia fascinante e a evidência por trás dela no Capítulo 6. Por enquanto, você só precisa entender que perguntar às pessoas o que elas pensam sobre algo é uma maneira surpreendentemente inútil de prever como irão se comportar.

Sentindo a força... para ser consistente

Agora quero considerar os resultados que mostram que as pessoas parecem ter uma memória mais fraca sobre as escolhas que fazem, o que é muito interessante do ponto de vista de um psicólogo cognitivo.

Mas para o psicólogo social, o experimento é uma forte demonstração do poder da *consistência* sobre atitudes explícitas.

Os pesquisadores Lars Hall e Petter Johannson entrevistaram pessoas nas ruas sobre uma variedade de questões políticas. Os pesquisadores deram aos participantes um questionário que perguntava, por exemplo, sobre um controle maior da imigração. A pessoa tinha que fazer um X em algum lugar ao longo de uma linha entre "fortemente a favor" e "fortemente contra". Depois de preencher o questionário, a pessoa o entregava de volta ao pesquisador, que o olhava e fazia algumas perguntas de acompanhamento, como: "Eu vi aqui que você marcou ser a favor de controles imigratórios; você pode me dizer por quê?". Então a pessoa dava uma série de razões.

Você deve achar que essa é uma enquete política padrão. Mas no meio havia um truque. Enquanto os participantes a preenchiam, o pesquisador olhava sobre o ombro do participante, copiando as respostas em outra enquete. O pesquisador copiava tudo, até mesmo a letra da pessoa, mas com uma diferença. Em algumas questões, onde a pessoa fazia um X sobre "contra" os controles de imigração, por exemplo, o pesquisador invertia a resposta e colocava um X sobre "a favor". Quando a pessoa devolvia a folha respondida, o pesquisador colocava a nova versão em cima dela e entregava a folha para a pessoa novamente.

Uma grande surpresa foi que a maioria das pessoas não percebeu a fraude de maneira nenhuma. Elas não notaram que algumas das respostas haviam sido invertidas. Além disso, muitas deram um conjunto de explicações inteiramente razoáveis da posição política que *era o oposto exato do que acreditavam.* Então a pessoa que havia dito primeiro que era contra controles maiores sobre a imigração, momentos depois, viu seu X próximo do "a favor" e, em vez de contestar que não era isso o que pensava, explicou ao pesquisador que estava preocupada que o sistema de saúde não conseguiria lidar com um aumento da população e que novos imigrantes poderiam ocupar uma vaga de emprego do povo local.

LEMBRE-SE

O experimento mostra a forte necessidade que as pessoas têm de parecer consistentes quando respondem a perguntas de pesquisadores, mesmo que elas não o sejam.

Ficando bonito para a pessoa com a prancheta: As pessoas querem que gostem delas

O experimento de Hall e Johannson, na seção anterior, sugere que as pessoas querem parecer consistentes para que sejam vistas com bons olhos. As pessoas também usam outras maneiras de parecer boas.

Imagine conhecer alguém em uma festa e se apresentar a essa pessoa. Você pode dizer algo como: "Eu sou estudante e gosto de música ao vivo". Mas você provavelmente não começaria a conversa com: "Eu sou racista e realmente não gosto de gente pobre".

Quando você fala com as pessoas que conhece, muitos fatores influenciam as coisas que diz a elas. O que você realmente pensa e sente é um fator e o desejo de parecer uma pessoa razoável é outro: por isso o desejo de dar respostas consistentes e coerentes que façam sentido. O Capítulo 14 descreve como os pesquisadores podem usar muitos desses fatores na persuasão para influenciar ativamente suas opiniões, mas aqui consideramos que esses aspectos podem causar problemas consideráveis se você quiser descobrir o que as pessoas *realmente* pensam. Se você quer prever como se comportarão futuramente, bem, isso é um problema ainda maior.

Quando as pessoas falam com os outros — até mesmo pesquisadores —, elas querem passar uma boa impressão delas mesmas. Podemos chamar isso de *viés de autoapresentação*. Às vezes, apresentar-se bem é mais importante para as pessoas do que ser preciso ou honesto em suas respostas. Historicamente, esse viés de autoapresentação causou problemas aos pesquisadores.

Sondagens de boca de urna perguntando às pessoas em quem votaram são realizadas por entrevistadores que ficam do lado de fora dos locais de votação no dia da eleição. Nos Estados Unidos, as empresas que realizam essas enquetes notaram uma peculiaridade estranha. Quando comparavam o resultado das enquetes ao resultado real da eleição depois de todos os votos serem contados, descobriam que as enquetes sobrevalorizavam os votos para o Partido Democrata. A diferença foi particularmente notável nas eleições de 2004, que teve uma taxa elevada de participação e foi uma disputa acirrada. É compreensível que as sondagens de boca de urna sejam imprecisas, já que nem todo mundo quer dizer em quem votou, mas por que eles se desviaram consistentemente a favor dos democratas?

Uma pista encontrada foi que a discrepância entre a enquete e o resultado verdadeiro foi maior nas localidades em que os pesquisadores de boca de urna eram mulheres, alunas de graduação. Além disso, muitas das pessoas que falavam com os pesquisadores eram mais velhas e homens. Estudos separados mostraram que homens mais velhos acreditavam que mulheres mais novas são, em média, mais propensas a apoiar o Partido Democrata.

LEMBRE-SE

Em termos gerais, pessoas gostam de pessoas que são parecidas com elas mesmas. Portanto, os pesquisadores formularam a hipótese (confirmada mais tarde por experimentos) de que os homens são mais propensos a dizer a pesquisadoras jovens que votaram no Partido Democrata para se tornar mais agradáveis ao olhar delas. Claro, nem todo homem faz isso, mas os que fazem estão em número suficiente para distorcer os resultados da enquete de boca de urna. Além disso, como os resultados da enquete foram transmitidos antes do final da votação, em uma disputa tão acirrada esse viés pode ter influenciado o curso da própria eleição.

Em alguns países, o uso de enquetes de boca de urna não é permitido, e muitas pessoas reconhecem que essas pesquisas não são uma maneira muito boa de julgar quem venceu as eleições. Contudo, elas ainda são usadas nos Estados Unidos, principalmente por duas razões:

- Elas fornecem fatos objetivos úteis, tais como quantas pessoas votaram, suas idades e gêneros.
- Elas ajudam âncoras de TV a preencher o tempo enquanto os noticiários esperam pela contagem dos votos.

Mesmo que você remova os efeitos de tendência de uma entrevistadora jovem e bonita, as pesquisas nem sempre são mais precisas que enquetes de boca de urna, porque as respostas também podem ser enviesadas de manteiras mais sutis, como meu próximo exemplo mostra.

Os pesquisadores Ara Norenzayan e Norbert Schwarz enviaram enquetes a estudantes pedindo que lessem uma história sobre um assassino em massa e respondessem às perguntas sobre o que o levou a cometer seus crimes. Cada pacote continha uma carta do pesquisador na primeira página pedindo a ajuda da pessoa. Metade das cartas tinha um cabeçalho afirmando que o pesquisador trabalhava para o "Instituto de Pesquisa de Personalidade", e a outra metade tinha um cabeçalho que dizia "Instituto de Pesquisa Social".

O cabeçalho era a única diferença entre esses pacotes de materiais de pesquisa. Mas os participantes que responderam às perguntas do Instituto de Pesquisa de Personalidade eram cerca de 10% mais propensos que os outros a dizer que as ações do assassino em massa eram devidas a algo em sua personalidade; os participantes que responderam às perguntas do Instituto de Pesquisa Social eram 20% mais propensos que os outros a dizer que suas ações eram devidas a algum fator social, como violência na mídia, pressões sociais ou uma criação infeliz.

LEMBRE-SE

Esses resultados são notáveis. Os participantes estavam dando respostas ponderadas e atenciosas para perguntas difíceis. Ainda assim suas atitudes eram influenciadas em alto grau por uma linha, um detalhe acidental, uma página da enquete.

Influenciando com ancoragem e configuração

A formulação exata de uma pergunta pode sutilmente determinar sua resposta. Ilustramos duas dessas maneiras aqui: os efeitos de ancoragem e configuração. Em cada caso, pequenas mudanças na linguagem ou no foco da sentença podem ter efeitos surpreendentemente grandes na resposta.

Ancoragem

Aqui está um exemplo que você pode testar com seus amigos. Diga a eles: "Quando meu primo se formou, alguns anos atrás, seu primeiro salário foi de R$20.000. De quanto você acha que vai ser o seu?". Descubra a média das respostas deles. Agora faça a um grupo separado de amigos esta pergunta: "Quando meu primo se formou, alguns anos atrás, seu primeiro salário foi de R$40.000. De quanto você acha que vai ser o seu?". Eu não tenho ideia de como são os seus amigos ou quanto uma pessoa normalmente recebe assim que sai da faculdade, mas eu aposto que o segundo grupo deu uma resposta média mais alta.

LEMBRE-SE

Este efeito é chamado de *ancoragem e ajuste*: quando você faz uma pergunta às pessoas, elas tendem a começar com um ponto de referência (a âncora) e então dar suas respostas como um pouco maior ou um pouco menor (o ajuste). Esse ajuste raramente é grande o suficiente para resultar em uma estimativa precisa. Em outras palavras, as estimativas das pessoas são puxadas em direção à âncora.

Configuração

O presidente da Terra se vira para o herói e diz: "Bruce/Arnold/Sylvester, há uma chance em dez de que, se você lançar aquele míssil nuclear diretamente na nave-mãe alienígena, ele os destruirá completamente e conterá a explosão para que o planeta Terra seja salvo e todos possam viver em paz e liberdade. É tão louco que pode até funcionar!". Nesse ponto, a maioria das pessoas começa a animar o nosso herói. Mas imagine que outra voz se eleve, dizendo: "Isso significa que existe uma chance de 90% de todos morrermos de uma forma terrível. Ou imediatamente com a explosão nuclear ou mais lentamente com uma combinação de doenças radioativas e a retaliação dos alienígenas. Não vamos nos dar ao trabalho". Como você se sente sobre esse plano?

LEMBRE-SE

Este é um exemplo de configuração. O ponto é que a mesma escolha pode ser configurada em termos de um ganho (10% de chance de sucesso) ou de uma perda (90% de chance de fracasso). Daniel Kahneman e Amos Tversky mostraram convincentemente que as pessoas são muito *contrárias à perda*. Em outras palavras, elas são mais propensas a tomar decisões se pensarem nos ganhos do que nas perdas.

Tais pequenas mudanças na linguagem podem ter efeitos surpreendentemente altos nas respostas. Elizabeth Loftus executou uma enquete na qual perguntava às pessoas uma das duas questões a seguir:

Você tem dores de cabeça frequentemente e, se sim, com que frequência?

Ou

Você tem dores de cabeça ocasionalmente e, se sim, com que frequência?

As pessoas que responderam a primeira pergunta disseram que sofriam de dores de cabeça, em média, a cada três dias. As pessoas que responderam a segunda disseram a cada dez dias. Todos estavam respondendo às mesmas perguntas sobre uma experiência bem clara — com que frequência eles tinham dores de cabeça —, mas pequenas mudanças de *frequentemente* para *ocasionalmente* aumentaram suas respostas em um fator de três.

O problema é a interpretação das palavras que você usa em sua pergunta. Em uma enquete, 61% dos norte-americanos disseram que apoiavam o governo a gastar mais em "assistência aos pobres". Mas quando a mesma população foi questionada sobre se apoiava um gasto maior em "bem-estar", apenas 21% foram a favor. Em outras palavras, se você pergunta às pessoas sobre seus programas individuais de bem-estar — como ajudar financeiramente pessoas com doenças de longa duração e pagar refeições para famílias de baixa renda —, as pessoas são amplamente a favor. Mas se você pergunta sobre "bem-estar" — que se refere exatamente aos mesmos programas que acabou de listar —, elas são contra. A palavra "bem-estar" tem conotações negativas, talvez devido à maneira que muitos políticos e jornais a representam.

DICA

Portanto, a configuração de uma pergunta pode influenciar altamente a resposta de muitas maneiras, o que é importante se seu objetivo é obter uma "medida verdadeira" do que as pessoas pensam. (Você pode descobrir muito mais sobre essas *heurísticas de tomada de decisão*, como são chamadas, fazendo aulas de psicologia cognitiva ou lendo um dos livros de Kahneman e Tversky.) Da próxima vez que ouvir um político dizendo: "pesquisas provam que a maioria das pessoas concorda comigo", fique muito atento. Se as perguntas fossem configuradas com pequenas diferenças, a minoria das pessoas teria essa visão.

O FRASEADO IMPORTA

Claro, esses problemas (e oportunidades!) são bem conhecidos nos círculos políticos, mesmo que não sejam discutidos em público. Assim como as eleições oficiais, muitos países agora fazem referendos durante as eleições, nos quais os cidadãos dão suas opiniões sobre um único assunto, tal como se juntar ou deixar a União Europeia ou permitir o casamento gay. Políticos e ativistas gastam uma grande quantidade de tempo e esforço antes da votação discutindo sobre a linguagem específica usada nas perguntas do referendo. Você pergunta às pessoas se querem uma integração europeia mais próxima ou se querem entregar os poderes do seu governo nacional aos europeus? Esses pontos podem parecer, praticamente, exatamente a mesma coisa. Mas como você sabe, as pessoas podem dar respostas bem diferentes. Muitas vezes, então, a verdadeira batalha entre os ativistas não é pelo coração e mente das pessoas, mas pelas palavras e frases da questão.

NESTE CAPÍTULO

Investigando as atitudes implícitas

Entendendo como os cientistas medem atitudes implícitas

Capítulo 5

Descobrindo as Atitudes e Associações Implícitas

Como cabos, canos e fios que conectam as casas no seu bairro fora da visão, no subterrâneo, as conexões entre suas ideias, pensamentos e sentimentos estão sob sua consciência cotidiana. Você talvez não perceba que essas *atitudes implícitas* existem em sua mente, mas, não obstante, elas têm influência sobre seu comportamento.

Por exemplo, duvidamos de que já tenha lhe ocorrido o pensamento consciente: "Eu não confio em londrinos." Se eu lhe perguntar se você acha que morar em uma parte específica do país o torna mais confiável, você provavelmente dirá que não. Mas os estudos mostram que as pessoas no Reino Unido tendem a ser desconfiadas de pessoas com sotaque londrino, em comparação com pessoas com sotaques do nordeste da Inglaterra. Alguns bancos notaram essa tendência e localizaram todos os seus *call centers* de atendimento em Yorkshire, porque os clientes que ligam acham as vozes das pessoas com quem falam mais confiáveis.

Neste capítulo, exploramos onde essas associações da sua mente se originam e como os pesquisadores podem medi-las no laboratório. Mostramos o efeito poderoso que as atitudes implícitas podem ter no seu comportamento, mesmo quando você não está nada consciente delas. Essa realidade faz surgir a questão desafiadora do que determina nosso comportamento social: sua mente consciente ou sua mente inconsciente?

Trazendo as Atitudes Implícitas à Luz do Dia

No Capítulo 4, falamos sobre atitudes *explícitas* — aquelas nas quais você pode pensar ou falar em voz alta: "Eu amo sushi", "Eu odeio pessoas que verificam o Facebook no celular enquanto você está falando com elas" ou "Os novos filmes da saga *Star Wars* são uma grande decepção".

LEMBRE-SE

Atitudes implícitas, pelo contrário, são avaliações não ditas e associações na sua mente, incluindo aquelas das quais você talvez nem esteja consciente.

Aqui estão apenas dois exemplos de atitudes implícitas que os psicólogos sociais descobriram:

- As pessoas muitas vezes conectam a cor verde com sentimentos de paz, e a vermelha com sentimentos de raiva e paixão.
- As pessoas muitas vezes esperam que os asiáticos sejam bons em matemática e que os negros sejam bons em esportes.

Nesta seção, investigamos de onde vêm esses tipos de crenças e preconceitos e revelo como eles podem ser usados para influenciar seu comportamento.

Os psicólogos sociais são muito interessados nas atitudes implícitas e seus efeitos no comportamento. Como vimos no Capítulo 4, medir quais são as "verdadeiras" atitudes das pessoas perguntando para elas explicitamente é surpreendentemente difícil. Elas dão respostas diferentes em momentos diferentes para pessoas diferentes, e então parecem realizar o comportamento oposto. Contudo, as associações implícitas podem ser medidas pelos psicólogos sociais sem que as pessoas estejam conscientes de que suas atitudes estão sendo estudadas. Então, mesmo atitudes que as pessoas não querem admitir publicamente, como sentimentos negativos sobre pessoas de raças diferentes, podem ser estudadas. Pelo menos essa é a afirmação de alguns psicólogos sociais. Como discutiremos, nem todos concordam.

Conhecendo os mestres: Anunciantes

No caso de você estar pensando o quanto as atitudes e associações implícitas são poderosas e se precisa saber mais sobre elas, reservamos um momento aqui para falar dos verdadeiros especialistas no campo.

Os anunciantes são extremamente adeptos de explorar as atitudes que as pessoas já possuem. Por exemplo, considere os nomes dos comprimidos para dormir — Ambien, Lunesta, Sonata. Por que os anunciantes usam esses nomes, em vez de nomes químicos como tartarato de zolpidem? A razão está no som. Os nomes das marcas soam familiares e calmantes, os nomes das substâncias, chocantes e exóticos. De maneira similar, eles embalam bebidas energéticas em prata com vermelhos e azuis vívidos e chás de ervas, com tons pastéis de rosa e amarelo, porque essas cores evocam certos sentimentos nas pessoas, de serem estimuladas ou acalmadas.

Assim como a exploração das associações existentes na sua mente, os anunciantes também são mestres em criar conexões. Folheie uma revista e veja quantas propagandas incluem uma imagem de uma pessoa jovem e atraente que não tem nada a ver com o produto. Essa mulher em cima do capô desse carro esportivo é um exemplo do tipo de pessoa que os anunciantes esperam que compre o carro? Ela foi colocada lá por que ajudou no projeto do motor? Infelizmente, não.

Ninguém é burro o bastante para pensar conscientemente: "Se eu comprar aquele carro esportivo, as mulheres se jogarão em cima dele como toalhas em uma cadeira de praia." Bem, quase ninguém. Os anunciantes a estão usando para criar uma associação entre aquele carro e os sentimentos de atração que um comprador do sexo masculino pode sentir. Então, quando o comprador pensa naquele carro, ele sente parte daquela atração novamente.

LEMBRE-SE

A publicidade é uma indústria de bilhões de reais pela simples razão de que essas atitudes implícitas funcionam.

De onde veio isso? As origens das atitudes implícitas

LEMBRE-SE

Cérebros são notavelmente bons em aprender padrões e regularidades no mundo, conhecidos como associações. Falamos mais sobre *associações* implícitas na seção "Fazendo conexões: Associações implícitas".

Eu acho que o exemplo mais impressionante do aprendizado associativo vem da psicologia do desenvolvimento. Os bebês não conseguem falar ou preencher um questionário, mas os pesquisadores podem estudá-los observando mudanças em suas batidas cardíacas, com que rapidez eles sugam uma chupeta e como viram a cabeça e os olhos na direção de algumas imagens e para longe de outras. Notavelmente, eles descobriram que crianças recém-nascidas, assim que saem do útero, percebem a diferença entre histórias em sua própria língua e histórias lidas em uma língua estrangeira. Elas podem até sentir a diferença entre músicas que são temas de novelas e outras peças musicais. Mas como? Elas têm padrões de linguagem e partituras de músicas em seu DNA?

Não! Essa habilidade é tudo questão do aprendizado que ocorre antes mesmo do nascimento. No final da gestação, os pais dessas crianças passaram a ler histórias para seus filhos ainda na barriga. Além disso, como podem fazer muito pouco no final da gestação, as mães se sentam em seus sofás e assistem a TV. No final da gestação, os fetos já se desenvolveram suficientemente para ouvir sons. Você não pode escutar muito bem no útero (parece que está no fundo de uma piscina), mas pode ouvir alguma coisa através dos tecidos e do líquido amniótico. Os fetos são máquinas de aprendizado tão incrivelmente avançadas que adquirem os ritmos e cadências de sua língua nativa e até mesmo percebem as músicas temas das novelas.

Depois que você nasce, ao longo da infância e da vida adulta, seu cérebro continua a ser uma máquina notável de aprendizado. Como discutiremos na próxima seção, como todas as pessoas, você é altamente sensível ao número de vezes que percebe pessoas e objetos, cores e sons, e se essas coisas parecem juntas ou separadas. Essas experiências do mundo, ou do mundo visto pela TV e pelos filmes, criam suas atitudes implícitas — tudo sem a sua percepção consciente.

Reconhecendo a força poderosa da mera exposição

O mero efeito da exposição é como a gravidade. Está em toda a sua volta, o tempo todo, influenciando gentilmente o seu comportamento. Na verdade, como a gravidade, os efeitos da exposição são tão penetrantes que esquecê-los é fácil. Eles são uma força poderosa que molda seus gostos e aversões, o que você compra e o que ouve, e talvez até tenha dado uma mãozinha sobre onde você vive e no que trabalha.

EXPERIMENTE

Se você é do Cazaquistão, ou fala cazaque, acho que essa demonstração não funcionará com você. Caso contrário, tente a sorte e teste suas intuições sobre a língua.

Aqui estão duas palavras em cazaque: *tzikagt* e *solmin*. Uma significa amoroso ou dedicado, e a outra significa nocivo ou repelente. Você consegue adivinhar qual é qual?

Se você for como os participantes do experimento do psicólogo social Bob Zajonc, você disse que *tzikagt* é a palavra negativa e *solmin* é a palavra agradável. Por que isso? Na verdade, no experimento de Zajonc e no meu exemplo, as palavras são inventadas — elas não têm nada a ver com qualquer língua real (minhas desculpas aos falantes de cazaque!). Como você pode ter opiniões sobre palavras que são totalmente inventadas?

Bem, a primeira palavra parece menos familiar para falantes do português. Ela realmente usa letras relativamente incomuns e as liga de maneiras não usuais. As letras *tz* aparecem apenas em algumas raras palavras em português (como *blitz*). Em contraste, *solmin* tem combinações de palavras mais familiares para os falantes do português. Você vê palavras como *some* e *sopa* muito mais frequentemente. Na verdade, entre um milhão de palavras que você possa ler, cerca de 11 mil provavelmente tenham as letras *so* nelas em algum lugar, e apenas cerca de seis têm *tz*. Seus sentimentos positivos por *solmin* são causados pela familiaridade dessas letras e sons. *Tzikagt* soou como uma palavra negativa para você só porque não é familiar.

LEMBRE-SE

Zajonc chamou esse fenômeno de *efeito da mera exposição*. No geral, quanto mais você convive com algo, mais familiar essa coisa é e mais você gosta dela. Essa realidade foi demonstrada de várias maneiras e tem pouco a ver com a percepção consciente.

A APLICAÇÃO DE ZAJONC

Bob Zajonc é um grande nome na psicologia social e também o mais mal pronunciado (o sobrenome, ou seja, não "Bob"!). Você deve falar como a palavra inglesa "science", mas com um som de "z" no começo. A pronúncia não é "za-jonk", como pronunciei uma vez em um elevador... quando o próprio estava parado atrás de mim!

Em outro experimento de Zajonc, os participantes recebiam várias opções de polígonos (formas com lados retos, como pentágonos e hexágonos), e pedia-se que escolhessem quais eles preferiam. A maioria sentiu que estava escolhendo aleatoriamente, mas, na verdade, um dos polígonos havia sido apresentado a eles entre outros estímulos em um experimento que haviam acabado de completar. A forma era apresentada muito rapidamente, e imediatamente seguida de outra imagem. Os participantes não tinham percepção consciente nenhuma da forma. Apesar disso, eles eram muito mais propensos a dizer que preferiam aquela forma específica quando tinham opções.

O efeito da mera exposição explica por que a Nike, a Coca-Cola e outras empresas gastam milhões para expor seus logotipos aos olhares das pessoas muitas vezes por dia em cartazes, ônibus, produtos, celebridades e até em filmes. Também explica por que os vilões em filmes norte-americanos são mais propensos a ter nomes com as letras *z*, *k* e *v*.

EXPERIMENTE

De quais letras você gosta? Imagine que você está brincando de roleta, mas a roleta contém letras, em vez de números. Escreva uma ou duas letras nas quais você apostaria. Por que você acha que as escolheu?

Você se sente sortudo, vagabundo? A realidade do egoísmo implícito

Você talvez se ache muito superior ou talvez esteja se sentindo um pouco para baixo. Mas independentemente dos seus sentimentos explícitos sobre o seu ego, uma aplicação surpreendente do efeito da mera exposição é impulsionar seu *egoísmo implícito*. As coisas que são associadas a você se tornam muito familiares, e essa familiaridade lhe agrada. O efeito do egoísmo implícito é importante, porque ele penetra em muitas das decisões na sua vida.

Por exemplo, você muito frequentemente vê uma coisa que é particular para você: seu nome. Você o escreve e lê muitas vezes por dia. Escuta pessoas falando seu nome o tempo todo. Então, quando pede que as pessoas digam qual letra preferem, a chance é a de que escolham a primeira letra do seu nome ou do sobrenome (ou até do apelido). Se perguntar a elas por quê, elas provavelmente não saberão e se sentirão envergonhadas se você disser o porquê.

LEMBRE-SE

O nome desse efeito é *egoísmo implícito* e ele se estende muito além de quais letras você acha que dão sorte.

Em uma grande análise dos dados do censo dos Estados Unidos, os pesquisadores descobriram que os nomes eram relacionados, em níveis acima do puro acaso, a ocupações e localizações. Em outras palavras, se você observar todos os dentistas nos Estados Unidos, eles têm mais propensão a ser chamados de Dennis do que em outras profissões. Se você observar todas as pessoas que se chamam Louise, é mais provável que elas morem na Louisiana do que pessoas com outros nomes. Claro, nem todo advogado se chama Larry e mora em LA. Os efeitos são pequenas diferenças de frações de 1%, mas significativas.

EXPERIMENTE

Só pela diversão, da próxima vez que estiver em um grupo grande de pessoas, pergunte sobre o nome e a profissão dos pais de todo mundo. Você tem uma boa chance de ouvir sobre algumas jornalistas chamadas Maria e enfermeiros chamados João (mas, claro, você tem que tirar a probabilidade de conseguir essas combinações por coincidência).

Fazendo conexões: Associações implícitas

O efeito da mera exposição e o egoísmo implícito das duas seções anteriores mostram que quanto mais percebe uma coisa em particular, mais positivamente você a vê; esse é um tipo de atitude implícita. Mas aqui eu quero discutir outro tipo: as *associações implícitas*. Essas são conexões *entre* dois conceitos ou coisas.

LEMBRE-SE

Sempre que percebe duas coisas ao mesmo tempo ou de uma maneira que as conecte, você descobre uma associação entre elas. Como a frequência das coisas no seu mundo, você pode aprender as associações sem consciência, absorvendo os padrões no mundo à sua volta.

Você tem muitas dessas associações sobre as quais provavelmente não esteja consciente. Por exemplo, visualize um pássaro cantando. É menor ou maior que uma pomba?

Eu aposto que você disse menor. Isso porque você aprendeu implicitamente um padrão sobre o mundo: que a maioria dos pássaros que cantam é pequena. A não ser que você seja um ornitólogo, isso provavelmente não era um conhecimento *explícito* que você possuía. Você não sabia que sabia disso; mas você tinha a associação.

As pessoas têm todos os tipos de associações implícitas sobre outras pessoas. Algumas são baseadas em padrões verdadeiros que existem no mundo — que os homens são, em média, mais altos do que as mulheres, por exemplo. Mas muitas são baseadas não no que você observa diretamente, mas em como as pessoas são descritas em conversas ou as retrataram na mídia. No Capítulo 3, por exemplo, discutimos o estereótipo de que o homem heterossexual tem mais parceiros sexuais que uma mulher heterossexual, mesmo que isso não possa ser verdadeiro, falando logicamente. Contudo, você provavelmente descobriu essa associação implícita pela maneira que as pessoas falam de si mesmas e dos outros.

Vá até o Capítulo 10 para saber mais sobre estereótipos, a maneira que constrói crenças sobre certos grupos de pessoas e como você — muitas vezes falsamente — aplica esse conhecimento aos outros.

Medindo Atitudes Implícitas

Se você tem uma empresa de publicidade, então pode ver atitudes implícitas no trabalho colocando outdoors, dirigindo anúncios de TV e inserindo seus produtos em programas de TV e filmes. Logo você veria que as atitudes implícitas podem ser criadas e manipuladas. Mas os cientistas sociais não querem apenas criar atitudes implícitas nas pessoas, eles também querem estudar quais atitudes implícitas já existem nelas. Nesta seção, discutimos como os especialistas medem essas atitudes implícitas, o que elas revelam sobre as atitudes explícitas e como se relacionam ao comportamento humano. Você talvez tenha adivinhado rapidamente o problema central aqui: como pode sondar as associações implícitas na mente de alguém se você não pode perguntar a essa pessoa diretamente (as pessoas muitas vezes estão inconscientes de suas atitudes implícitas)? Bem, você recorre à psicologia cognitiva, que tem um kit de ferramentas bem desenvolvido para investigar pensamentos e conceitos. Os psicólogos cognitivos estudaram o aprendizado associativo para entender, por exemplo, como a memória organiza a informação e como os bebês aprendem categorias de objetos.

LEMBRE-SE

O cérebro não armazena informações em pequenos pacotes individuais, como livros em uma prateleira ou os arquivos no seu computador. Em vez disso, ele o faz em uma rede de associações e conexões. Quando você pensa em uma coisa (digamos, um carro de família), você está efetivamente pegando uma parte dessa rede, e todas as ideias e memórias associadas são um pouquinho puxadas junto também.

Os cientistas usam essa característica do cérebro para estudar atitudes implícitas. Nesta seção, discutimos como os experimentos *priming* são uma maneira de medir a associação entre duas ideias em termos de tempos de reação. Em *priming*, você supõe que as diferenças nos tempos de reação são relacionadas às diferenças na maneira que os conceitos são associados na mente. O conceito de *priming* é central a muitos experimentos em cognição social. Isso funciona porque o cérebro armazena associações entre ideias e informação. Quando você ativa uma ideia no cérebro, você também ativa parcialmente, ou *prepara*, todas as ideias associadas a ela. Por ativação eu só quero dizer trazer algo à mente de alguma maneira.

Investigando a ativação automática do comportamento

O cérebro não armazena só conceitos desmembrados como um dicionário; ele também armazena ações, sentimentos, gestos e emoções. Os psicólogos sociais como John Bargh mostraram que esses aspectos podem ser preparados e que eles podem influenciar diretamente o comportamento sem que você esteja consciente disso.

EXPERIMENTE

Imagine você sentado em um cubículo com um computador. Ele exibe imagens de blocos amarelos na tela e você deve digitar o número de blocos que vê a cada vez. Você vê centenas de conjuntos de blocos amarelos. Você está fazendo esse experimento por quase uma hora e seus dedos estão doendo. Então o computador exibe as palavras: "Erro ao salvar os dados. Por favor, comece o experimento novamente". Como você se sentiria a essa altura?

Nesse experimento original, uma pequena câmera gravava as reações dos participantes no momento em que eram avisados que todo o seu trabalho havia sido perdido. Os pesquisadores codificaram o quanto as pessoas pareciam agressivas ou com raiva. Se eles franziam as sobrancelhas ou xingavam, por exemplo.

Os participantes foram colocados em duas condições diferentes e em uma condição os níveis de raiva e agressão exibidos pelos participantes eram muito mais altos. A diferença entre as condições era muito sutil. De fato, os participantes não estavam nem cientes dela. Entre cada conjunto de blocos amarelos, um rosto piscava na tela. O rosto aparecia muito rapidamente e era imediatamente substituído pela próxima imagem, e assim os participantes não estavam conscientes de que tinham visto alguma coisa. (Essa técnica é chamada de *apresentação subliminar.*) Mesmo embora não estivessem conscientes de qualquer rosto, algo naqueles rostos mudou seu comportamento em uma condição.

Metade dos participantes brancos nesse estudo eram apresentados subliminarmente a rostos de homens brancos, e a outra metade, a rostos de homens negros. Aqueles que viram os rostos de negros exibiram mais raiva e agressão quando descobriam que seu trabalho havia sido perdido.

A apresentação subliminar de rostos foi o suficiente para preparar o estereótipo de norte-americanos negros para esses participantes. Parte de seu estereótipo era a ideia de que norte-americanos negros são mais agressivos e raivosos. Então, a percepção dos rostos ativava parcialmente os sentimentos de raiva, que extravasava como agressão real quando os participantes recebiam a má notícia.

LEMBRE-SE

Os experimentos *priming* são uma ferramenta muito útil para estudar os conteúdos comportamentais, sociais e perceptuais de um estereótipo e a maneira pela qual ele é ativado. Por exemplo, os participantes norte-americanos receberam vários trabalhos com os blocos que tinham que rearranjar em uma frase. Aqueles participantes cujo enigma incluía palavras como *Flórida* e *cinza* eram preparados com estereótipos de pessoas velhas, e isso acarretava que saíssem andando mais devagar do laboratório depois que terminavam o enigma. Descreveremos mais exemplos como este ao longo do livro. Por enquanto, quero focar outra ferramenta para medir atitudes implícitas na próxima seção.

Experimentando o Teste de Associação Implícita (TAI)

O TAI é um experimento que pode medir como dois pares de conceitos são relacionados. Por exemplo, ele pode lhe dizer o quanto alguém associa qualidades positivas com rostos brancos e qualidades negativas com negros; ou se as ciências exatas eram vistas como uma atividade masculina e as ciências humanas, como feminina.

Como o teste funciona

A lógica do TAI é bem direta. Os participantes recebem o trabalho de categorizar duas coisas diferentes em dois grupos, pressionando dois botões específicos. Eles repetem esse processo muitas vezes e a cada vez podem categorizar qualquer tipo de coisa, porque elas aparecem aleatoriamente.

Por exemplo, eles têm que categorizar o nome de uma pessoa como masculino ou feminino e matérias universitárias como sendo de exatas ou humanas. Então na tela eles veem *Janice* e pressionam o botão para feminino, e então veem *Geologia* e pressionam o botão para ciência, depois *David, Clarice, História, Física*, e assim por diante.

LEMBRE-SE

Aqui estão dois aspectos cruciais do experimento:

- Os participantes só têm dois botões para usar em sua tarefa de categorização.
- Os pesquisadores, a cada rodada, trocam qual botão é usado para qual categoria.

Então, a primeira vez que um participante realiza a tarefa, ele pode pressionar o botão D para categorizar nomes como femininos e assuntos como humanas. Ele pressiona o botão K para nomes masculinos e assuntos científicos. Mas então é pedido que ele realize essa tarefa novamente, dessa vez categorizando nomes femininos e assuntos científicos com o botão D e nomes masculinos e assuntos como humanas com K. O botão que os participantes apertam pode parecer um aspecto arbitrário e nada importante do experimento, mas alguns pesquisadores argumentam que isso pode revelar as atitudes implícitas dos participantes.

Conclusões

Os participantes respondem mais rapidamente quando têm que apertar o mesmo botão para coisas que eles associam uma à outra. Neste exemplo, a maioria das pessoas seria mais rápida para responder quando categoriza nomes femininos e assuntos de humanas com um botão e nomes masculinos e ciências com o outro. Elas seriam comparativamente mais lentas na segunda tentativa, categorizando nomes femininos e ciências com um botão e nomes masculinos e humanas com o outro.

Os pesquisadores TAI observam os tempos de reação média com uma configuração de botões e subtraem dos tempos de reação com a outra configuração. Eles afirmam que esse número indica o grau com o qual um participante associa pares específicos de conceitos uns com os outros.

Muitos experimentos TAI provaram atitudes raciais. Pedia-se aos participantes que categorizassem rostos negros e brancos, por exemplo, e também que categorizassem palavras como positivas (*bolo*, *filhotes*, *afago*) ou negativas (*assassinato*, *fome*, *dor*). Como discutimos no Capítulo 4, em um estudo de questionário é pouco provável que as pessoas aprovem atitudes racistas explícitas, por causa do estigma social óbvio contra o racismo. Mas mesmo os participantes que não mostram sinais de racismo quando perguntados explicitamente ainda parecem associar rostos negros com coisas negativas e brancos com positivas. No geral, isso acontece se os próprios participantes norte-americanos forem brancos ou se forem negros, já que, afirmam os pesquisadores, ambos os grupos cresceram no mesmo país e, portanto, aprenderam as mesmas atitudes implícitas.

Algumas evidências sugerem que as pontuações TAI preveem comportamentos melhor do que medidas explícitas. Um estudo nos EUA observou enfermeiras trabalhando em uma sala de emergência. Elas tinham o trabalho muito difícil de decidir a prioridade dos pacientes — se os pacientes eram alta prioridade para o médico, porque estavam sangrando ou incapazes de respirar, ou se eram baixa prioridade, porque tinham "só" quebrado um membro ou estavam com um vírus. Nenhuma das enfermeiras possuía atitudes racistas explícitas. Ainda assim, os pesquisadores descobriram que o tamanho da diferença do tempo de reação em seus TAI previa uma tendência de que as enfermeiras colocassem pacientes negros para a lista de baixa prioridade.

Investigando os resultados do TAI

Alguns pesquisadores duvidam da força dessas descobertas. A capacidade do TAI de prever o comportamento no mundo real é altamente discutida. Mas existe uma questão mais profunda — o que exatamente o TAI está medindo?

Achamos que, no geral, não somos pessoas preconceituosas. Ainda assim, o TAI sugere que eu tenho atitudes negativas em relação a pessoas de diferentes grupos raciais, que eu associo as mulheres com o ato de ficar em casa cuidando das crianças e que eu tenho muitas outras visões que eu argumento explicitamente contra. Eu tenho mentido para mim mesmo por todo esse tempo que não sou uma pessoa preconceituosa?

Se você mesmo fez o teste TAI, talvez tenha tido o mesmo choque. Isso levanta a questão — o TAI está *realmente* medindo as minhas e as suas atitudes? Os pesquisadores respondem a essa pergunta de duas maneiras. Como você pode ver, essas respostas discordam uma da outra (o debate continua em conferências e artigos de jornais atualmente):

» **Resposta 1: O TAI dá uma medida direta de suas atitudes implícitas.** Ele reflete seus verdadeiros sentimentos em relação a diferentes grupos de pessoas; sentimentos que você não mostraria em um questionário sobre suas atitudes. Na vida cotidiana, você tenta esconder essas avaliações negativas por educação ou porque você não quer parecer preconceituoso. Ou você pode saber que tem visões negativas em relação a, vamos dizer, pessoas gays, e está fazendo uma tentativa sincera de compensar essas visões. Independentemente da sua motivação para se comportar sem preconceito em público, seus verdadeiros preconceitos implícitos existem, espreitando sob a superfície, e o TAI pode vê-los.

» **Resposta 2: A conclusão da Resposta 1 perde uma distinção importante.** Existe uma diferença crucial entre as visões preconceituosas que alguém pode ou não ter conscientemente e o conhecimento daquela pessoa sobre estereótipos específicos e preconceitos na sociedade. Por exemplo, eu sou um homem inglês. Eu não acho que tenha qualquer preconceito específico a favor ou contra tais pessoas. Eu conheci algumas boas e algumas ruins. Mas depois de viver nos Estados Unidos por muito tempo, eu tenho um sentido muito bom dos estereótipos e das atitudes implícitas que os norte-americanos associam com homens ingleses: eles são afeminados, intelectuais, pretensiosos e esnobes. Eles falam sobre jogo limpo, mas são moralmente suspeitos. Eles têm dentes podres e ainda assim são inexplicavelmente atraentes para algumas mulheres. Eles jogam críquete, bebem chá e amam a Rainha. Agora imagine que eu fiz um TAI provando minhas associações implícitas a pessoas inglesas. Ele pode muito bem descobrir que eu associo pessoas inglesas com críquete, chá e intelectuais. Mas isso é apenas um reflexo do meu conhecimento do estereótipo — não o fato de que eu mesmo tenho essas crenças preconceituosas genuinamente. De maneira similar, se você fizer o TAI e ele mostrar que você tem associações negativas em relação a pessoas gays, talvez isso esteja simplesmente refletindo seu conhecimento do estereótipo cultural. Você absorveu esse estereótipo de como as pessoas gays são ruins em esportes, afeminadas e exibicionistas. Talvez você tenha descoberto que esse estereótipo existe observando como as pessoas são provocadas na escola ou assistindo como as pessoas gays são retratadas na TV e nos filmes. Você teria que ser extraordinariamente sem percepção para viver em sociedade e não estar ciente dos estereótipos que são atrelados a pessoas gays, mulheres ou muçulmanos. E esse conhecimento dos estereótipos na sociedade é o que aparece no teste TAI. Não necessariamente suas *próprias* atitudes implícitas, e certamente não suas atitudes explícitas escondidas.

Descobrindo como as atitudes implícitas e explícitas interagem

As duas visões na seção anterior parecem extremamente opostas, mas de certo modo ambas são verdadeiras. Para explicar como, eu observo um outro experimento nesta seção. Este é particularmente inteligente porque mede atitudes explícitas e implícitas ao mesmo tempo.

Em um experimento, os participantes receberam um item, e então foi pedido que clicassem em um dos dois botões com seu mouse: *curtir* ou *não curtir*. Os itens eram coisas como *bolo* e *férias*, para os quais a maioria clicou em *curtir*; ou *câncer* e *dor de cabeça*, para os quais clicaram em *não curtir*. Os pesquisadores ficaram especialmente interessados em um item em particular, o conceito de *pessoa negra*. Os participantes, que eram estudantes brancos norte-americanos, todos clicaram *curtir*. Mas no caminho para clicar no botão *curtir*, o ponteiro do mouse dos participantes desviou-se ligeiramente em direção ao *não curtir*.

Se você estivesse vendo o ponteiro do mouse talvez não notasse nada de diferente. Mas os pesquisadores analisaram cuidadosamente as trajetórias dos ponteiros e descobriram um desvio sistemático em direção ao botão de *não curtir* quando os participantes estavam declarando explicitamente que gostavam de pessoas negras.

Esse resultado é uma demonstração maravilhosa da complexidade causal das crenças e comportamentos. As ações das pessoas — mesmo as simples, como clicar em um mouse — são o resultado de muitas influências que competem e interagem. As respostas dos participantes neste experimento foram dominadas por sua atitude explícita de que gostavam de pessoas negras. Mas no momento que tomavam essa decisão, eles também ativavam seu conhecimento de todas as associações negativas que a sociedade norte-americana tem em relação a pessoas negras.

O experimento mostra que você não pode impor um limite claro entre as atitudes explícitas que você tem conscientemente e as associações implícitas que absorveu do mundo por acaso. Você não pode separar totalmente essas atitudes porque ambas podem ter uma influência no comportamento.

Por exemplo, um gerente do sexo masculino pode acreditar sinceramente que homens e mulheres são igualmente capazes para um trabalho de pesquisa que ele anunciou. Mas e se ele tiver uma pilha de 100 candidaturas para ver rapidamente? Essa leve dificuldade que ele tem pareando mulheres com ciência — essa reação mais lenta que aparece no TAI — pode ser o suficiente para algumas mulheres que eram casos duvidosos acabarem na pilha de rejeitados.

Ou imagine que você está em um elevador e alguém o chama para que segure a porta. Quando você o faz, nota que a pessoa é negra. Aquelas associações levemente negativas — que arrastaram o ponteiro do mouse em direção ao botão não curtir — podem ser suficientes para diminuir a sua velocidade um pouco para que não consiga apertar o botão a tempo.

LEMBRE-SE

Meu ponto é que essas associações implícitas podem não refletir suas próprias visões, mas simplesmente aquelas que você absorveu do mundo ao seu redor. Elas podem ter apenas um pequeno efeito no seu comportamento. Mas as consequências desse comportamento podem ser gigantes para a pessoa que não consegue a entrevista de emprego, que vê a porta do elevador se fechar e que vai para a lista de baixa prioridade na sala de emergência.

Portanto, você deve ser muito cuidadoso com a maneira como os diferentes grupos sociais são retratados na mídia. Algumas pessoas dizem que está tudo bem em dizer que o personagem mais burro em um programa de TV é sempre a mulher loira, assim como o fato de os personagens muçulmanos sempre acabarem sendo terroristas. Está tudo bem, o argumento diz, porque todo mundo sabe explicitamente que nem todas as loiras são burras e nem todos os muçulmanos são maus. Mas eu argumento que se todas essas associações forem repetidamente vistas na TV, elas se infiltram na memória das pessoas e são perpetuadas na sociedade.

Essa situação não é um caso do "frenético politicamente correto"; é um entendimento científico de como a memória e as atitudes implícitas funcionam.

NESTE CAPÍTULO

Aceitando que o comportamento pode moldar atitudes

Entendendo a dissonância cognitiva

Capítulo 6

Investigando a Ligação entre Comportamento e Atitudes

Aqui estão duas visões sobre a conexão entre atitudes e comportamento de dois gigantes da história dos EUA. John Adams foi um dos fundadores dos Estados Unidos e um líder da guerra revolucionária contra a Grã-Bretanha. Em uma carta, ele escreveu:

> *A Revolução foi efetuada antes de a Guerra ser iniciada. A Revolução estava nas mentes e nos corações das pessoas... Essa mudança radical nos princípios, nas opiniões, nos sentimentos e nas afeições das pessoas foi a verdadeira Revolução Americana.*

Adams está expressando uma ideia poderosa aqui: que grandes ações requerem uma mudança no coração e na mente das pessoas; que atitudes e crenças são a causa do comportamento.

Mas aqui está outra visão, de Abraham Lincoln, que percebeu que às vezes o oposto é verdadeiro: o comportamento das pessoas pode causar uma mudança em suas atitudes. Lincoln sabia que outro político, de cujo apoio ele precisava, não gostava nada dele. Lincoln fez uma coisa inteligente mudando sua atitude. Ele descobriu que o político era um colecionador de livros raros. Então Lincoln escreveu a ele pedindo emprestado um dos seus exemplares mais valiosos. O político concordou de má vontade, não desejando recusar um pedido do presidente. Depois de emprestar o livro a ele, entretanto, o político ficou mais amigável em relação a Lincoln e, a tempo, ofereceu seu apoio.

Por que o político mudou sua atitude? Bem, você não empresta um dos seus bens mais valiosos para um homem que você detesta. Depois que o político executou o comportamento de emprestar o livro ao presidente, isso causou uma mudança em sua atitude em relação a gostar de Lincoln.

Neste capítulo, pesamos essas duas visões de atitudes e comportamento uma contra a outra. Incrivelmente, as evidências científicas se empilham a favor da visão de Lincoln. Em várias situações cotidianas — como se sente em relação ao seu trabalho, ao seu parceiro ou aos seus filhos —, seu comportamento causa suas atitudes. Eu revisarei as duas ideias poderosas — dissonância cognitiva e teoria da autopercepção — que explicam como e por que isso acontece.

Lidando com Ideias Conflitantes: Dissonância Cognitiva

Ninguém gosta de pessoas hipócritas; alguém que diz uma coisa e faz outra. Os políticos que cortam os benefícios das pessoas e ainda assim levam milhares em reivindicações de despesas falsas; os líderes religiosos que falam sobre a santidade da vida em família e têm casos a portas fechadas: essas pessoas são a escória da escória na opinião pública. Assim como achamos hipocrisia e inconsistência intoleráveis em outras pessoas, também lutamos com o sentimento em nós mesmos.

LEMBRE-SE

Este sentimento é chamado de *dissonância cognitiva*: o estado de ter um conjunto de ideias ou agir de maneiras que entram em conflito umas com as outras.

Os psicólogos sociais descobriram que as pessoas percorrem um longo caminho para reduzir suas dissonâncias cognitivas. Elas criam novas crenças ou se comportam de novas maneiras para reduzir essa dissonância, mesmo quando esse comportamento parece simplesmente irracional para as outras pessoas. Então, esses políticos que sonegam suas declarações de impostos provavelmente se convenceram de que estão economizando o dinheiro do contribuinte. O líder religioso que está tendo um caso pode achar que é tudo um teste de Deus para provar a pureza de sua fé.

Aqui está outro exemplo simples. Digamos que eu acredite que sou uma pessoa decente e bondosa. Eu acredito que as pessoas deveriam cuidar umas das outras e que todo mundo tem direito à dignidade humana básica. Mas esta noite eu passo por um morador de rua que obviamente está com necessidades e não paro para ajudá-lo. Minhas ações não combinam com minhas crenças, uma situação que produz dissonância cognitiva dentro de mim.

Como eu posso reduzir essa dissonância? Bem, e se eu achar que esse morador de rua fez com que essa situação acontecesse consigo mesmo? Talvez ele estivesse bêbado, usado drogas ou estivesse ilegalmente no país. Se ele infringiu a lei, então não merece minha ajuda.

DICA

Criando a crença de que o morador de rua é de alguma maneira não merecedor, eu reduzo minha dissonância cognitiva. O ponto não é se a crença é verdadeira ou não, porque eu não a criei para ter uma visão precisa do mundo; eu a inventei para reduzir minha dissonância.

O termo *dissonância cognitiva* foi cunhado pelo psicólogo social Leon Festinger, que era fascinado pela interação de comportamentos e atitudes. Ele percebeu não apenas que as atitudes são uma causa fraca do comportamento, mas também que, em alguns casos, o comportamento cria atitudes.

Festinger observou que quando as crenças e os comportamentos de um indivíduo se contradizem, o resultado é uma dissonância cognitiva. Ele teorizou que os seres humanos têm uma necessidade básica de reduzir a dissonância cognitiva de qualquer maneira possível, porque é um estado de espírito muito desconfortável. Assim, muitas vezes as pessoas reduzem a dissonância criando crenças novas ou rejeitando uma antiga.

Experimentando a dissonância cognitiva

A curiosidade de Leon Festinger sobre o comportamento e as atitudes começou com seu estudo sobre seitas apocalípticas, descritas em seu livro *When Prophecy Fails* ("Quando a Profecia Falha"). Vale a pena entender o que ele descobriu em seu estudo dos cultos. Depois de ver tais comportamentos contraintuitivos e surpreendentes nos seguidores das seitas, Festinger executou uma série de experimentos, observando o mesmo comportamento em pessoas comuns. Seu trabalho é um exemplo maravilhoso da interação entre a observação de pessoas no mundo e uma experimentação cuidadosa no laboratório. Como veremos nesta seção, mesmo que não tenha estado em um culto religioso, aposto que você também já respondeu ao poder da dissonância cognitiva.

EXPERIMENTE

Imagine que você aderiu a um culto. Claro que você não se inscreveu para entrar em um culto. Tudo começa de um jeito bem diferente. Sua vida não está indo muito bem e você conhece algumas pessoas que parecem boas e interessadas em você; você aparece em alguns de seus encontros. Depois do churrasco (de hambúrgueres sem carne e kebabs vegetais), elas começam a falar sobre como a vida delas mudou da água para o vinho depois que se juntaram a esse grupo e sobre como estão felizes. Elas falam sobre um líder carismático e a promessa de que na semana que vem você poderá conhecê-lo e assistir a palestras com o grupo.

Logo você está indo a reuniões regulares com o líder. Elas custam um bom tanto de dinheiro, mas você tem o suficiente no banco e decide reduzir suas saídas, mudando-se para uma casa maior na periferia da cidade com os outros membros do grupo. O líder tem uma personalidade magnética e, em particular, lhe diz que vê grandes coisas em você. As aulas estão indo bem, e você está descobrindo que muitas coisas que achava que eram verdade eram apenas mentiras que lhe contaram enquanto crescia. Você percebe que as coisas com as quais se importava — dinheiro, propriedade, família — são ilusões. Com grande alívio, você permite que o grupo tome conta da sua conta bancária e responda às cartas que seus pais lhe enviam.

Agora o líder reúne e seleciona alguns seguidores para ir ao seu quarto para uma revelação especial. Ele lhe diz que é a reencarnação de um deus poderoso. Ele teve uma visão de que o mundo acabará na próxima segunda-feira à meia-noite. Ele suplica por sua ajuda para preparar o resto do grupo para a vida no outro mundo. Juntos vocês queimam o restante de sua propriedade, as memórias da sua vida passada. Todos se juntam no topo de uma colina na segunda-feira à noite. Vocês deram tudo para estar aqui com seu líder. Vocês cantam canções exuberantes de louvor e passam uma bebida de limpeza especial para prepará-los para o fim. Você dorme sabendo que esta é a sua última noite na Terra.

Então, a manhã de terça-feira chega. Você está em um campo cercado por pessoas enlameadas e confusas. O líder desapareceu... mas não para a vida após a morte; seu caminhão também sumiu, junto com a maior parte do dinheiro coletado pelo grupo. Tente imaginar como você se sentiria. Você ainda acredita nas coisas estranhas e excêntricas que o líder lhe ensinou?

O que fascinou Festinger não foi apenas que muitos dos seguidores em tais situações continuassem a acreditar, mas também que eles frequentemente acreditavam *ainda mais* nos líderes das seitas. Aqui está a sua teoria. As previsões do seu amado líder falharam espetacularmente e você e os outros estão com uma dissonância cognitiva severa. Todas as suas crenças nos ensinamentos do líder estão inteiramente em desacordo com a continuação da existência do planeta. O que você pode fazer? Você tem duas opções básicas:

» Descartar todas as suas crenças sobre o culto, admitir que você estava errado em acreditar e reconhecer que foi enganado.

Isso exigiria que você revertesse muitas crenças ardentemente possuídas.

» Assumir que você estava certo em acreditar e que o líder estava correto em seus ensinamentos. A única coisa que ele entendeu errado foi o detalhezinho do dia exato do fim do mundo.

A história possui muitos exemplos de pessoas rejeitando a primeira opção e, por mais louco que pareça para as outras pessoas, aceitando a segunda. Isso aconteceu muitas vezes com os seguidores das seitas apocalípticas. No dia seguinte ao fim do mundo, os crentes racionalizavam ou explicavam o fato de ainda estarem vivos de uma maneira que fortalecia ainda mais suas crenças.

Essa reação é totalmente sem sentido, claro. Se um meteorologista não vê um furacão chegando ou se um economista não prevê uma quebra da bolsa de valores, você pararia de escutá-los. Mas se um líder admirado faz a previsão mais dramática que se pode imaginar (o próprio fim do mundo) e erra, a história nos mostra que a fé nesse líder religioso *cresce*.

Normalmente, os seguidores do culto explicam seu fracasso do fim do mundo de várias maneiras. (Talvez Deus tenha mudado de ideia ou o líder tenha cometido um pequeno erro ao interpretar as datas do Calendário Maia.) Mas, nesses casos, os fracassos da profecia levam a um aumento da fé.

Considerando as consequências da justificação insuficiente

Para testar suas teorias sobre a dissonância cognitiva, Festinger colocou os participantes em uma situação em que se viam fazendo algo desagradável — mentindo a um estranho. Ele denominou isso de *conformidade induzida*. Ele queria saber as consequências dessa ação — como realizar esse comportamento influencia as atitudes dos participantes?

No experimento, uma pessoa recebia primeiro uma tarefa tediosa. Mostravam a ela um tabuleiro de xadrez de peças quadradas de madeira e pediam que rodasse cada uma em 90 graus de cada vez. Então ela começava de novo, girando cada peça mais 90 graus. Depois disso, felizmente para o participante, o "experimento" acabava.

Na verdade, o comportamento interessante ainda estava por vir. Enquanto se preparava para ir embora, um pesquisador se aproximava do participante e pedia um favor. Eles estavam com poucos funcionários, o pesquisador se desculpava, e perguntava se o participante se importava em ajudar por um momento. O participante concordava, e era pedido que ele falasse com a próxima pessoa que participaria do experimento. O pesquisador perguntava ao participante se ele diria à próxima pessoa que o experimento era muito interessante e agradável, o que era claramente uma mentira. Por esse incômodo, o participante recebia US$1 ou US$20 como pagamento (as duas condições experimentais).

O participante executava a tarefa, mentia para a pessoa que estava esperando para participar e pegava seu pagamento. Então — e essa é a medida crucial — perguntavam ao participante o quanto ele *realmente* tinha gostado do experimento original.

LEMBRE-SE

Os resultados eram notáveis e completamente contraintuitivos. Os participantes que receberam US$20 diziam que, para ser sinceros, não tinham realmente gostado da tarefa original. Era um pouco tediosa. Mas as pessoas que receberam US$1 afirmavam terem gostado da tarefa original de virar as peças. Eles podiam ter ficado entediados no começo, mas passaram a gostar eventualmente.

O que está acontecendo aqui? Por que as pessoas que receberam *menos* dinheiro para contar uma mentira acabaram acreditando nessa mentira? Festinger produziu uma explicação elegante para esse comportamento, que também explica o comportamento enigmático que observou nas seitas apocalípticas da seção anterior: as pessoas buscam reduzir a dissonância cognitiva, criando uma crença nova ou rejeitando uma antiga.

Foi pedido a todos os participantes no experimento de Festinger para que mentissem à pessoa na sala de espera. A maioria das pessoas não se vê como mentirosa, mas se acham pessoas honestas e decentes. Então, o fato de que os participantes mentiam produzia dissonância cognitiva para eles. Como eles podem reduzir essa experiência desagradável?

Os participantes que receberam US$20 têm uma solução. Eles mentiram porque receberam uma quantia substancial de dinheiro. (Pelos padrões atuais, US$20 vale cerca de US$150.) Essa justificativa monetária reduz a dissonância. Faz sentido terem mentido, porque haviam sido recompensados generosamente para fazê-lo.

Os participantes que receberam US$1 não tinham tal solução. Eles mentiram, mas não foram pagos para isso, porque US$1 não valia muito, mesmo em 1950.

LEMBRE-SE

Festinger afirmou que as pessoas do US$1 tinham *justificativas insuficientes* para suas ações. Essas pessoas ainda têm dissonância cognitiva. Elas acham que são pessoas honestas, mas mentiram e não têm uma desculpa. Então, para reduzir a dissonância, esses participantes mudaram suas crenças. Eles decidiram que, na verdade, o experimento não tinha sido tão ruim no fim das contas. Na verdade, eles até gostaram. Se eles gostaram, eles não estavam mentindo quando falaram com a pessoa na sala de espera. Com esse novo conjunto de crenças, a dissonância desapareceu.

Como Festinger disse: "Pessoas passam a acreditar e amar as coisas pelas quais elas sofrem". Pode não ser a coisa mais romântica do mundo para colocar em um cartão do dia dos namorados, mas isso tem um sólido suporte científico.

Explicando o poder das fraternidades

As pessoas encontram a dissonância cognitiva em todos os caminhos da vida. Por exemplo, ritos de iniciação são uma característica comum de muitos clubes, sociedades e organizações. Você pode vê-los em fraternidades, em batalhões do exército e em panelinhas do ensino médio. Para se tornar um membro do grupo você deve passar por uma série de atividades desafiadoras e, normalmente, desagradáveis. Nas universidades, isso é chamado de *trote.*

Eu estava andando pelo *campus* de uma universidade dos EUA e vi três filas de jovens do sexo masculino alinhados em frente a uma casa. Embora a temperatura estivesse congelante e tivesse neve espessa por todo o lado, eles estavam usando apenas cuecas. Eles se embaralhavam para a esquerda e para a direita gritando "blip blip" a cada passo. Na varanda da casa, outro jovem estava sentado, embrulhado em um casaco quente, jogando bolas de neve neles. Sempre que alguém era acertado, eles caíam no chão gritando "blup blup blup". Este era um jogo de Space Invaders humano.

O membro da fraternidade na varanda estava dando o trote nos novos alunos. Se aguentassem esse tratamento (e piores) por uma semana, eles tinham uma chance de entrar para a fraternidade. Agora, como você acha que esses jovens alunos se sentiam em relação ao cara na varanda? Como você se sente em relação a pessoas que o provocam para sua própria diversão? Bem, quando você é aceito no grupo, os novos membros da fraternidade não sentem nada além de amor e respeito por seus torturadores. Eles têm justificativas insuficientes para aguentar a experiência do trote. Afinal de contas, nenhuma pessoa racional deita na neve seminua por escolha própria.

A única maneira de racionalizar seu próprio comportamento para reduzir sua dissonância cognitiva é acreditar que a fraternidade é uma instituição maravilhosa, com caras ótimos com os quais querem conviver desesperadamente.

Justificando tudo... por amor!

A dissonância cognitiva não só ajuda a explicar as fraternidades e os cultos (veja as seções anteriores). Ela também ajuda a explicar nossos sentimentos e comportamentos cotidianos, como insistir em relacionamentos ruins.

Talvez você já tenha tido um relacionamento ruim, olhado para o desleixado pouco atraente no sofá e pensado em como você acabou namorando alguém que não faz nada além de assistir a TV e comer salgadinhos fazendo barulho. Talvez o pensamento que lhe venha à cabeça seja: "Por que diabos eu estou namorando essa pessoa? Acho que devo realmente amá-la muito". Festinger diria que você tem justificativas insuficientes para estar nesse relacionamento e que, para reduzir sua dissonância cognitiva, você o justifica para si mesmo supondo que "deve ser amor".

Recentemente, dois pesquisadores forneceram uma demonstração elegante desse ponto no que se refere a como as pessoas se sentem sendo pais. Os estudos mostram repetidamente que os pais, comparados aos casais sem filhos, têm menos satisfação com suas vidas e casamentos, são mais predispostos a ter depressão e menos propensos a experienciar a felicidade. Então, de um ponto de vista puramente racional, por que as pessoas buscam ser pais? Por que elas falam sobre ser pais em tons tão reverenciais, descrevendo a experiência como uma realização de vida? Por que ser pai é idealizado, quando traz infelicidade relativa?

CIENTISTAS VERSUS BEBÊS

Meu amigo Steve visitou minha esposa e eu algumas semanas depois que nossos gêmeos nasceram. A vida não é fácil com gêmeos recém-nascidos, e nós já temos um filho de 2 anos. Quando eu abri a porta para Steve em suas roupas imaculadas e bem passadas, eu não tinha dormido mais que três horas por dia, tinha baba de bebê na camiseta e no cabelo e cheirava a xixi e desespero. Steve foi uma grande ajuda naquela semana enquanto cuidávamos das três crianças, as alimentávamos durante o dia, dormíamos em turnos e comíamos a comida que ele fazia. Em retorno, eu descobri, muito tempo depois, que demos a ele a ideia para um experimento. A questão básica da pesquisa de Steve era: por que diabos as pessoas passam pelo trauma de ter filhos? Embora, para sermos justos, não foram apenas meus filhos que o fizeram se perguntar isso.

Steven Moch e seu colega de trabalho Richard Eibach perguntaram às pessoas o quanto elas gostavam de ser pais e mães. Eles usaram uma variedade de medidas, pedindo às pessoas para classificar frases sobre a importância das crianças para estimar quantas horas elas queriam passar com seus filhos no fim de semana. Os pesquisadores criaram a hipótese de que a dissonância cognitiva influenciava como os pais respondiam a essas questões. Para testar sua ideia, eles dividiram os pais em três grupos:

» Ao primeiro grupo eram contados alguns fatos sobre ser um pai. Eles eram informados que custa, em média, cerca de US$200.000 para criar uma criança até os 16 anos de idade nos Estados Unidos. Esse é o custo de comida, roupas, remédios, e assim por diante. Depois de aprender sobre o fardo financeiro substancial que seus filhos haviam colocado sobre eles, os pais preenchiam os questionários sobre o quanto eles idealizavam ser pais.

» Ao segundo grupo eram contadas as mesmas informações sobre os custos, mas também alguns dos benefícios práticos de ser um pai. Quando você for mais velho, estará bem melhor se tiver filhos. Você será mais feliz e saudável se seus filhos, e talvez os filhos deles, o visitarem, se preocuparem e cuidarem de você quando estiver em uma idade avançada.

» Ao último grupo não foi dada nenhuma informação e foi simplesmente pedido que preenchessem os questionários.

XPERIMENTE

Quem você acha que ama mais os filhos? Os pais que receberam apenas a informação sobre os custos de se ter filhos ou aqueles que também receberam as vantagens? A esse ponto você deve ter adivinhado a resposta, mas tente fazer essa pergunta a alguém que não tenha lido esse capítulo.

LEMBRE-SE

A resposta notavelmente contraintuitiva é que quando recebem *apenas* as informações do fardo financeiro de ser um pai, as pessoas idealizam mais o ser pai, dizendo que passariam mais tempo com seus filhos e dariam mais valor a esse tempo.

> Aquelas pessoas experienciaram a maior dissonância cognitiva. Para remover essa dissonância, elas mudaram suas atitudes. Elas racionalizaram o custo financeiro e emocional de ser um pai dizendo a si mesmas que ser pai era uma atividade enormemente recompensadora.

A pesquisa revelou que as pessoas têm filhos, independentemente do fardo e dos custos consideráveis porque, de alguma maneira, elas idealizam ser pais... não apesar dos custos, mas *por causa* deles.

Claro, os pesquisadores não estão dizendo que a única razão pela qual as pessoas têm filhos é a dissonância cognitiva. Ninguém duvida das recompensas consideráveis de ser pai. O ponto é que ser pai tende a ser idealizado: o lado negativo de ser pai tende a ser ignorado e encoberto. Esses resultados não são apenas limitados ao ser pai, claro. Você poderia dizer o mesmo sobre comprar um trailer. Depois de ser lembrado dos custos para se manter um trailer — contas de combustível, taxas de estacionamento, orçamento de manutenção —, eu preveria que as pessoas ficassem mais propensas a lhe dizer que comprar um trailer é o melhor investimento que já fizeram e que valorizam a liberdade que isso traz. Casas móveis ou filhos: parte da razão de amarmos essas coisas *apesar* dos custos é a dissonância cognitiva.

Observando algumas objeções à teoria da dissonância cognitiva

A ideia de Festinger continua a gerar novas hipóteses e experimentos até hoje. Entretanto, alguns pesquisadores não estão convencidos de sua teoria. Eles acham que a dissonância cognitiva faz algumas suposições estranhas sobre como os processos mentais funcionam.

LEMBRE-SE

O problema é que a teoria de Festinger afirma que a dissonância é produzida quando um conjunto de atitudes ou comportamentos se contradizem. Quando, por exemplo, você acredita na promessa do seu guru de que o mundo acabará na sexta-feira, dia 13 de dezembro, e hoje é 14 de dezembro, essas duas ideias claramente se contradizem, e você precisa resolver essa dissonância de alguma maneira. Mas a objeção continua, os sentimentos e comportamentos humanos não são normalmente definidos tão claramente. Com que frequência as pessoas realmente passam por seus pensamentos e comportamentos, verificando para ver se são consistentemente lógicos? Não com muita frequência, eu espero.

Olhando para Você Mesmo: A Teoria da Autopercepção

O pesquisador Daryl Bem pensou que a dissonância cognitiva (que eu discuto nas seções anteriores) não refletia precisamente como as pessoas se sentem sobre seus próprios pensamentos. Ele argumenta que, muitas vezes, as pessoas não sabem exatamente como se sentem, ou que como se sentem é ambíguo e muda a cada momento.

Os Capítulos 4 e 5 relevam: as atitudes são coisas evasivas. Muitas vezes, as pessoas parecem acreditar em coisas bem contraditórias: elas apoiam a teoria de "dar dinheiro a pessoas pobres", mas não apoiam na prática "programas de bem-estar". Os seres humanos não são como o Sr. Spock, em *Jornada nas Estrelas*, com uma compreensão robótica de lógica e de suas próprias mentes, e então, como podem as contradições lógicas gerar mudança de atitude e comportamento? Assim, Bem propôs uma alternativa: a teoria da autopercepção.

Explicando-se a si mesmo

Aqui está como a teoria da autopercepção funciona. Quando vê outras pessoas, você busca explicações para suas ações. Por exemplo, enquanto está em pé em uma plataforma de trem, você vê uma senhora comendo furiosamente e então conclui que ela provavelmente está com fome. Se duas pessoas se abraçam quando se encontram, você acha que estão apaixonadas.

LEMBRE-SE

A teoria da autopercepção afirma que você olha para o seu próprio comportamento de maneira similar e chega a conclusões. Então, você come um sanduíche inteiro enquanto lê o jornal, olha para baixo, para o pacote vazio, e conclui: "Eu devia estar com fome". Você se vê sentado em frente à mesma pessoa na mesa de jantar por vários anos e assume que ambos estão em um relacionamento amoroso longo.

A teoria da autopercepção — assim como a teoria da dissonância cognitiva — também faz a previsão contraintuitiva de que o comportamento pode causar as atitudes. Embora o senso comum diga que você não precisa observar seu comportamento.

Para saber se está com fome ou apaixonado (você apenas sabe), as previsões da teoria da autopercepção foram repetidamente corroboradas. Muitas vezes, as atitudes seguem os comportamentos e parecem ser uma maneira pela qual as pessoas explicam suas próprias ações. Continue lendo para ver como...

Vendo que recompensas e punições podem sair pela culatra

Os pesquisadores descobriram que a teoria da autopercepção faz previsões surpreendentes sobre como as pessoas respondem a recompensas. Digamos, por exemplo, que você quer encorajar crianças a desenhar durante o recreio. Talvez você ofereça a elas uma recompensa por desenhar, então elas associam o desenhar com uma recompensa agradável.

Os pesquisadores executaram exatamente esse experimento. Foi dito a um grupo de crianças que cada uma receberia como recompensa um adesivo depois da atividade de desenhar durante a aula. Outro grupo fez a mesma atividade, mas não esperava ser recompensado. Então, na hora do recreio, foram deixados papéis e gizes de cera na mesa. A variável dependente dos pesquisadores eram quantas crianças escolheriam voltar a desenhar quando tivessem a escolha.

LEMBRE-SE

O resultado surpreendente foi que pouquíssimas crianças escolheram pegar um giz de cera quando foram anteriormente recompensadas. A razão, diz a teoria da autopercepção, é que elas "viram" seu próprio comportamento — desenhar e ganhar um adesivo — e assumiram que a razão de desenhar inicialmente era para ganhar o adesivo. Na hora do recreio, sem nenhum adulto por perto para dar adesivos, elas não tinham razão nenhuma para desenhar.

Esse resultado foi surpreendente na época e pareceu ir diretamente contra qualquer entendimento do senso comum, que dizia que as pessoas certamente são mais propensas a fazer alguma coisa se forem recompensadas por isso. Esse pensamento levou a muitos anos de programas em escolas e prisões que recompensavam pessoas por apresentar um bom comportamento, tal como tirar boas notas ou só ficar longe de problemas. O problema com esses esquemas é que as pessoas, percebendo seu próprio comportamento, assumiam que a razão pelo comportamento positivo é a recompensa. Então o comportamento pode melhorar quando a pessoa ainda está na escola ou na prisão, mas quando sai e a recompensa desaparece, também desaparecem todas as melhoras.

Surpreendente, você não acha? Recompensar o bom comportamento pode fazer as pessoas se comportarem de maneira pior!

Avaliando a teoria da autopercepção

Mencionamos a teoria da autopercepção e a teoria da dissonância cognitiva muitas vezes ao longo do livro. Você pode ver que elas fazem previsões muito similares sobre o comportamento humano. Na verdade, você pode ver os exemplos na seção "Lidando com Ideias Conflitantes: Dissonância Cognitiva" — os cultos, as fraternidades, os relacionamentos ruins e o ser pai — e explicar os mesmos resultados com a teoria da autopercepção. Então qual delas é uma explicação melhor para o relacionamento entre nossos comportamentos e atitudes?

Bem, ambas as teorias parecem fazer um bom trabalho explicando os dados de pesquisas disponíveis, e ambas têm seu lugar:

LEMBRE-SE

A teoria da dissonância cognitiva é mais fácil de aplicar quando as atitudes e o comportamento são claramente definidos e fáceis de interpretar.

» A teoria da autopercepção é mais fácil de aplicar quando as atitudes e os sentimentos são incertos ou ambíguos.

Então, por enquanto, afirmar que uma é superior à outra é impossível.

Talvez uma terceira teoria que faça um trabalho melhor apareça. Como afirmo no Capítulo 3, os cientistas nunca provam realmente que uma teoria é verdadeira acima de todas as outras; tudo o que podem fazer é rejeitar teorias quando os dados permitem, e essas duas teorias continuam de pé depois de todos esses anos.

3

Pensando sobre Nós Mesmos e sobre os Outros

NESTA PARTE . . .

Descubra como estabelecer uma identidade.

Entenda as armadilhas e os pontos positivos do viés da autoconveniência.

Aprenda como entender o que causa o comportamento dos outros.

Mantendo um olho aberto no viés e no preconceito.

NESTE CAPÍTULO

Criando um sentido de *self*

Explorando as consequências da identidade

Alcançando sucessos e autoestima saudável

Capítulo 7

Fazendo a Eterna Pergunta: Quem Sou Eu?

Ao longo dos anos, a pergunta "Quem sou eu?" foi feita por filósofos, reis, profetas e — sobretudo — adolescentes deprimidos depois de assaltar o armário de bebidas de seus pais. Aqui não estamos realmente interessados no que os filósofos ou os teólogos têm a dizer; não iremos discutir a alma ou as definições de consciência. Estamos muito mais preocupados com esse adolescente introspectivo. Em outras palavras, queremos explorar como as pessoas entendem a si mesmas. O que elas pensam que são seus pontos fortes e suas fraquezas, quais pessoas e grupos sociais são importantes para elas e quais histórias contam sobre si mesmas.

A tecnologia moderna trouxe as questões de identidade para um foco mais nítido nos últimos anos, possibilitando a formação de laços sociais com mais pessoas do que seus avós conheceram em toda a vida deles. As mídias sociais são maravilhosas, mas criam uma forma especial de ansiedade: o pânico da autoapresentação. Gerações atrás, as pessoas se conheciam geralmente frente a frente, quando um mero olhar lhe dizia a idade, o sexo, a renda provável e o passado de uma pessoa. A mídia social não fornece nada disso. Twitter, Facebook e blogues lhe dão uma página em branco quando você se inscreve, deixando que você se defina para o mundo.

Neste capítulo, exploramos como as pessoas definem seu sentido de *self*: quem pensam que são e como escolhem se apresentar para o mundo. Revelamos que as forças sociais afetam esses pensamentos pessoais introspectivos, que são um reflexo não somente de quem você é, mas também de como se conecta ao mundo social. Além disso, discutimos como seu autoconceito determina sua autoestima, à medida que você tem sucesso na vida e pelas suas respostas a desafios.

Construindo Seu Sentido de *Self*

O conceito de *self* é o que eu chamo de um problema cheio de nós. Você não sabe como desfazê-los, por onde começar e nem mesmo se deveria tentar. As pessoas passam muitas horas na igreja ou na terapia tentando entender quem são e qual o seu lugar no mundo. Para os psicólogos sociais, você não *encontra* seu verdadeiro *self*, ou o descobre depois de ele rolar para baixo do divã de um terapeuta. O "*self*" é algo que é *construído*. Ele é o personagem central que você inventa na história da sua vida.

Se eu lhe perguntasse sobre um amigo próximo, tenho certeza de que você poderia me contar sobre seu caráter e ilustrá-lo com anedotas e comportamentos típicos. Você provavelmente passa muito tempo observando outras pessoas e formando uma ideia sobre quem elas são e o que as motiva. Na verdade, eu tenho certeza de que, como a maioria das pessoas, você passa mais tempo observando os rostos dos outros e pensando sobre seus pensamentos e ações do que olhando seu próprio reflexo ou ruminando sobre você. Portanto, como as pessoas formam seus autoconceitos é uma questão interessante para os psicólogos sociais.

EXPERIMENTE

Da próxima vez que interagir com um bebê, tente este experimento. Com a permissão dos pais, coloque uma marca brilhante e colorida na testa do bebê. Use maquiagem ou talvez uma gota de iogurte de frutas. Não use uma caneta permanente (ou coloque a gota de iogurte no lábio superior da criança, se não se importar que ela fique se parecendo com Hitler)! Agora, carregue o bebê cuidadosamente até um espelho e veja o que ele faz.

A pesquisa mostra que os bebês menores de 18 meses esticam os braços em direção ao espelho, tentando tocar o ponto colorido; os mais velhos que isso levantam uma das mãos até a cabeça para tocar a marca.

LEMBRE-SE

Alguns pesquisadores usam esse comportamento como evidência de que por volta dos 18 meses de idade as crianças desenvolvem um sentido de *self*. Elas percebem que também são um objeto no mundo. O experimento foi replicado com vários primatas e apenas os seres humanos e seus parentes mais próximos, os chimpanzés, passam no teste.

Descobrindo como você pensa sobre sua identidade

Aqui está um exercício simples para ajudá-lo a responder à questão "Quem sou eu?". Você pode perguntar e responder a essa questão de várias maneiras, claro, mas estou interessado no que vem à sua cabeça primeiro.

EXPERIMENTE

Pegue um pedaço de papel e escreva "Eu sou..." e deixe o resto da linha em branco. Repita isso em dez linhas. Agora volte e complete as afirmações iniciadas.

Quando você acabar, revise a lista e categorize as afirmações usando temas como os seguintes:

DICA

» **Atributos físicos sobre você:** Sua idade ou aparência.

» **Atributos psicológicos:** Se você é uma pessoa alegre ou um pessimista.

» **Grupos sociais aos quais pertence:** Um estudante ou um fã de um time específico.

» **Gostos ou preferências:** Como ser fã de blues antigo ou aficionado por história.

Os psicólogos descobriram muitos padrões reveladores de como as pessoas escolhem completar frases simples como "Eu sou...". Elas dão respostas diferentes dependendo do seu humor no momento, da outra pessoa em quem estão pensando na hora e até da cultura em que foram criadas.

LEMBRE-SE

Existem muitas maneiras de responder à pergunta "Quem sou eu?", desde sua aparência até sua personalidade, de suas panelinhas sociais até seu país de origem, da sua biologia à sua religião. Todos esses diferentes aspectos do *self* são válidos para pessoas diferentes em diferentes momentos da vida ou mudam de acordo com a pessoa com quem se está falando no momento. Dentre todo esse emaranhado de aspectos do *self*, lembrar que não existe nada como o "verdadeiro *self*" é importante. Pelo menos não um que você possa descobrir por meio de uma dieta detox.

"Agora nós atravessamos o espelho, gente"

Como todo mundo, você passa a se entender por meio da maneira pela qual entende outras pessoas. Discutimos essa ideia, chamada de *teoria da autopercepção*, no Capítulo 6 como parte da discussão sobre como as pessoas explicam seu próprio comportamento. Alguns pesquisadores argumentam que a teoria da autopercepção pode ser estendida à explicação de como as pessoas adquirem todo um sentido de quem são.

LEMBRE-SE

O *looking-glass self* (espelho de si próprio) refere-se à ideia de que você vê a si mesmo através dos olhos de outras pessoas — crucialmente, entretanto, não como os outros realmente o veem, mas como você *acha* que as outras pessoas o veem.

Um experimento inteligente mostra que essa teoria é pelo menos parcialmente verdadeira. Os participantes foram recrutados e foi pedido a eles que ajudassem a treinar estudantes de graduação que estavam se preparando para ser médicos clínicos. Os participantes sentavam em uma sala e respondiam a perguntas através de um interfone. Foi pedido que agissem de uma entre duas maneiras: de uma maneira muito reativa e emocional ou de uma maneira estável e fria. Disseram que suas ações seriam usadas para ajudar os estudantes da graduação a identificar diferentes tipos de comportamento.

Claro, sendo um experimento da psicologia social, isso era tudo lorota. Foi dito a um grupo de participantes que um clínico estaria lhes assistindo o tempo todo através de um espelho unidirecional. Ao outro grupo foi dito que eles não seriam observados. A variável dependente-chave era medida depois. Os participantes classificaram o quanto foram emocionalmente estáveis — não como pareceram durante o experimento, mas como realmente estavam.

Os participantes agindo de uma maneira mais emocionalmente responsiva e que pensaram que estavam sendo observados durante suas performances sentiram que eles próprios foram genuinamente mais emocionalmente responsivos. O resultado oposto ocorreu quando estavam agindo de maneira indiferente. Entretanto, este resultado não ocorreu quando os participantes achavam que não haviam sido observados.

LEMBRE-SE

Em outras palavras, a crença de que seu comportamento havia sido testemunhado por outra pessoa aumentou o sentimento dos participantes de que seu comportamento refletiu sua verdadeira natureza. O olhar fixo imaginado de outras pessoas multiplica o poder de autopercepção sobre a autoimagem das pessoas.

Vivendo pelos olhos dos outros: A teoria da comparação social

O *self* é formado por forças sociais, olhando-se tanto para fora quanto para dentro. Uma maneira pela qual outras pessoas moldam quem é você é descrita pela *teoria da comparação social*, de Leon Festinger: as pessoas adquirem um sentido de quem são, comparando a si mesmas com aqueles ao seu redor.

Imagine que você sinta que é bom em matemática, por exemplo, porque você foi o primeiro lugar da sua turma. Mas sente que é ruim em dançar depois de ver outras pessoas no baile da escola. (Não se preocupe, não vamos testá-lo com álgebra complexa ou insistir para que você dance pela casa.) Esses fatos não são objetivos, claro. Se acontece de você ser colocado em uma sala de futuros estatísticos profissionais, inevitavelmente você se sente relativamente ruim em matemática. Pelo lado bom, você pode sentir que é melhor na dança.

Festinger percebeu que essas comparações sociais não são inteiramente passivas ou acidentais. Os seres humanos buscam ativamente pessoas específicas com quem possam se comparar e selecionam habilidades ou características pontuais para a comparação.

LEMBRE-SE

Como discutimos no Capítulo 8, muitos mecanismos psicológicos protegem ou inflam sua autoestima: a comparação social é um desses mecanismos. Ela vem em duas formas:

- **Comparação social descendente:** Você busca e se compara a outros que você acha que são inferiores de alguma maneira, o que tem o efeito de aumentar sua autoestima. Essa forma é o tipo mais comum de comparação social.
- **Comparação social ascendente:** Você busca e se compara a pessoas que vê como superiores a você. Os pesquisadores descobriram que fazer este tipo de comparação social pode ter um efeito debilitante em sua autoestima.

Você pode ver esse mecanismo psicológico em vigor se algum dia for a uma reunião da escola (ou fazer o equivalente *online* de olhar as páginas do Facebook dos seus amigos da escola). Você pode medir o sucesso na vida de várias maneiras — renda, família, saúde e assim por diante —, e as pessoas tendem a escolher a medida que mais as lisonjeia. As pessoas com trabalhos de altos rendimentos, mas sem vida familiar avaliam os outros com base em suas rendas e sentem-se bem consigo mesmas. As pessoas que nunca saíram da cidade do interior em que cresceram focam o casamento fracassado da pessoa que ganha bem e sentem-se bem por terem criado uma família feliz e saudável. As pessoas com trabalhos ruins e sem família podem observar que, pelo menos, não engordaram tanto.

Claro, às vezes a sua habilidade de fazer comparações descendentes é limitada. Por exemplo, evitar as comparações que a família e os professores podem fazer entre irmãos é difícil: muitas vezes, um é rotulado como esportivo, e o outro, como estudioso. Essas comparações têm um efeito substancial nos irmãos.

Psicólogos da personalidade e geneticistas têm estudado irmãos e descobriram resultados enigmáticos. Normalmente, irmãos compartilham muito dos seus genes e muito do seu ambiente, crescendo no mesmo lugar com os mesmos pais. Dadas todas essas influências compartilhadas, eles deveriam ser extremamente parecidos uns com os outros. Os cientistas tentam prever o quão similares os irmãos deveriam ser dados o conhecimento genético e a hereditariedade, estudos de gêmeos criados separados, e assim por diante. Entretanto, irmãos são muitas vezes bem *menos* parecidos do que você esperaria.

LEMBRE-SE

Uma explicação é que essas comparações sociais estão separando os irmãos. Imagine um par de gêmeos, por exemplo. Talvez um corra levemente mais rápido em um dia de esportes na escola. Essa criança pode escolher se comparar nessa dimensão física. Isso então se torna parte de sua identidade, que aumenta sua autoestima e motivação para treinar e melhorar mais adiante. Ainda assim, ela pode ter corrido mais rápido nesse dia de esportes só porque o outro gêmeo estava se recuperando de um resfriado. Mas a diferença aleatória na performance naquele dia pode iniciar uma corrente de comparações sociais e mudar a identidade, que muitos anos mais tarde produz um irmão mais atlético do que o outro.

Encontrando um Lugar no Mundo: Consequências da Identidade

Seu autoconceito tem um efeito notável em como você experimenta sucesso e fracasso na vida. A sabedoria convencional tem sido a de que uma alta autoestima é o fator mais importante. Mas a ciência psicológica recente revela a importância de como você interpreta seu autoconceito e se conecta com os outros.

Identificando-se com outros: Deleitando-se na glória refletida

Esta seção foi escrita no dia seguinte ao qual Andy Murray ganhou o torneio de Wimbledon. Um inglês alcançou pela última vez o prêmio mais desejado no tênis 77 anos atrás. Hoje, todos em Londres parecem estar muito mais felizes porque "*nós* finalmente conseguimos". Claro, Andy Murray não é inglês; ele é escocês. Ele não treinou no Reino Unido; ele foi para a Espanha e para a Flórida. Mas 17 milhões de pessoas por todo o país lhe assistiram e torceram por ele ontem, e hoje elas se sentem bem consigo mesmas.

Como podem as ações de um atleta afetar a autoestima de milhões? Quais conexões a maioria dos londrinos realmente tem com Andy Murray?

Os pesquisadores chamam este efeito de *deleitar-se em glória refletida* e tem sido demonstrado muitas vezes em experimentos. Por exemplo, em um *campus* universitário, os participantes receberam um teste para fazer e lhes foi dito que tinham pontuado muito bem ou muito mal. As pontuações verdadeiras eram irrelevantes, porque os pesquisadores estavam interessados de fato na próxima questão.

Eles perguntaram aos participantes sobre um jogo desportivo que sua universidade havia vencido. Os participantes que receberam a notícia de que tinham ido mal no teste pareciam se identificar mais com o time. Por exemplo, comparados às pessoas que pensaram que tinham ido bem no teste, eles eram mais propensos a dizer: "Nós jogamos muito bem", em vez de: "O time jogou bem". Este experimento mostra que a autoestima e a identidade social estão ligadas.

Contrariamente, quando as pessoas se associam com um time ou um grupo e eles perdem, elas tendem a se distanciar. Depois de perder uma final, os fãs de um time são menos propensos a vestir a camisa no dia seguinte. Antes de uma eleição, os apoiadores de um partido político podem ter placas em seus gramados ou *banners* em suas janelas. Mas no dia seguinte à derrota, as pessoas tiram esses sinais muito mais rápido do que as vitoriosas.

Os laços sociais que temos com certos grupos ou times estão ligados à nossa autoestima pessoal. Quando as pessoas se sentem mal consigo mesmas ou quando o time delas está ganhando, elas fortalecem esses laços. Mas quando o time delas perde, elas os cortam tão rápido quanto.

LEMBRE-SE

A *teoria da identidade social* tenta contabilizar quando e como as pessoas buscam conexões com diferentes grupos sociais, e por que tratam as pessoas dentro de seus grupos sociais de maneira diferente daquela como tratam as que não pertencem ao grupo. Seu autoconceito não é uma entidade estática. Sua identidade e conexão com grupos diferentes aumentam e diminuem para que você tenha a melhor imagem possível.

Não acredite na promoção do estereótipo

Com um golpe, a sociedade poderia remover a diferença entre o sucesso de meninos e meninas nas provas de matemática. Não mudando como as questões são elaboradas ou o quão difíceis são, mas simplesmente mudando como os alunos se identificam na primeira página de suas folhas de resposta.

Eu percebi que essa afirmação pode parecer exagerada, mas Claude Steele e outros pesquisadores descobriram um fato notável sobre os exames e a autoidentidade. Imagine que exista um estereótipo negativo sobre um aspecto da sua identidade e o teste que você está prestes a realizar: por exemplo, que meninas são ruins em raciocínios espaciais ou que norte-americanos negros tendem a ir relativamente mal em testes padronizados. Algumas dessas diferenças existiram no passado; Claude Steele e outros queriam saber se isso se devia a uma diferença real em habilidade ou era só porque as pessoas *acreditavam* que existia uma diferença.

A pesquisa mostra que se você fica consciente desse aspecto da sua identidade, sua performance em um teste desafiador sofre imediatamente. Se você tem uma caixa na frente de um teste de matemática em que tem que escrever "M" ou "F" para declarar seu sexo, as mulheres acabam indo pior nesse teste. Se você tem que declarar sua etnia antes de entregar sua prova, seus resultados podem cair se você for um norte-americano negro, mas sobem se você for um norte-americano asiático devido à visão estereotipada de suas habilidades.

Outro efeito notável dessa *ameaça do estereótipo* é que você pode tornar as pessoas conscientes de alguns aspectos de suas identidades simplesmente pedindo para que escrevam o estereótipo na frente do formulário. Fazendo isso, você as torna mais conscientes de suas expectativas sobre como se sairão e das atitudes sobre aquela parte de si mesmas, e essa consciência influencia diretamente sua performance.

Essas diferenças não são pequenas. Elas têm o mesmo tamanho das diferenças relatadas como a diferença média entre homens e mulheres em testes de matemática, ou a diferença média entre norte-americanos brancos e negros em testes padronizados.

LEMBRE-SE

Em outras palavras, as diferenças acadêmicas relatadas entre os sexos ou entre grupos étnicos podem não ser causadas por diferenças reais em habilidade, mas por diferenças *acreditadas* que vêm de estereótipos e preconceito.

Esforçar-se é melhor do que ser um gênio

Uma criança salta em você segurando um trabalho escolar, talvez ela seja sua filha, prima ou vizinha. Ela mostra com orgulho um grande A vermelho no final do teste. Como você a elogia?

Por décadas, as pessoas têm sido informadas de que o elogio é vital para uma criança feliz e saudável e que o trabalho mais importante ao criar uma criança é nutrir sua autoestima. Recentemente, entretanto, Carol Dweck e outros pesquisadores descobriram que *como* a pessoa é elogiada é muito importante. Eles descobriram que se você diz: "Que menina inteligente você é!" para a criança que lhe mostra um A, talvez cause mais mal do que bem a ela.

LEMBRE-SE

A razão é que o elogio pode moldar a visão da criança sobre si mesma. Você pode pensar sobre a habilidade ou o sucesso de duas maneiras gerais:

- **Teóricos da entidade**: Essas pessoas pensam que músicos, matemáticos ou atletas nascem desse jeito. Elas acreditam que a habilidade é uma coisa que ou você tem ou não tem. Quando você diz a uma criança que foi bem-sucedida: "Você é uma menina tão esperta!", está endossando essa visão da capacidade dela. Você está dizendo que ela foi bem-sucedida porque ela simplesmente é inteligente.
- **Teóricos incrementais:** Essas pessoas acreditam que o sucesso nasce do trabalho duro. Elas acham que quando você coloca mais esforço em alguma coisa, é mais provável que seja bem-sucedido. Quando você diz a uma criança: "Muito bem — você deve ter se esforçado muito!", está endossando uma teoria incremental da habilidade.

Você deve estar se perguntando se realmente importa no que uma criança acredita sobre seu sucesso, contanto que ela se sinta bem com isso. Bom, pense sobre o que acontece quando, inevitavelmente, a criança tem um dia ruim. Ela recebe todas as chamadas de atenção do árbitro, ou a prova trata de um tópico que ela não teve tempo de estudar. Como pode explicar esse fracasso?

Se a criança tiver uma teoria da entidade, é forçada a concluir que ela não é muito talentosa, inteligente ou privilegiada. Quando essas crianças falham, elas não querem tentar de novo. A autoestima delas fica danificada, porque elas têm que revisar suas opiniões de si mesmas descendentemente.

Mas se elas têm uma teoria incremental, podem explicar seus fracassos com o pensamento de que naquele dia elas não se esforçaram o suficiente, ou tentaram a estratégia errada quando estudaram para a prova. O fracasso não é tão prejudicial para sua autoestima porque ele só fala algo sobre o que aconteceu no dia, e não se a criança é fundamentalmente boa ou ruim em alguma coisa. Essas crianças são menos propensas a ficar desmotivadas pelo fracasso. Elas se levantam e tentam novamente. A longo prazo, essas crianças são bem-sucedidas e mais felizes.

Os resultados da pesquisa são muito claros. Por exemplo, se uma turma de matemática passa uma semana descobrindo como pode aumentar suas habilidades matemáticas por meio da prática, as notas das provas dos alunos aumentam em todos os sentidos. Se você treina os pais e os professores a elogiar o esforço, em vez de rotular uma criança como "talentosa", a performance da criança melhora.

Esses resultados vão contra sentimentos fortes de que certos tipos de habilidades — especialmente em esportes, matemática e artes — são coisas com as quais você nasce. Os especialistas testam os alunos incessantemente nas escolas, tentando rastrear a performance acadêmica; caçadores de talentos vasculham escolas buscando o próximo jogador de futebol gênio entre as crianças de 9 anos. Mas a pesquisa conta uma história clara e atraente.

DICA

Para seus filhos serem bem-sucedidos e felizes, você precisa convencê-los de que o sucesso vem do *esforço*, não de algum talento com o qual eles nascem ou não.

Portanto, Andy Murray venceu o título de Wimbledon não porque era britânico ou o jogador mais talentoso. Foi, em parte, por causa do seu autoconceito. Imediatamente depois da partida, ele falou primeiro sobre ter perdido no ano anterior e como isso o havia abalado. Mas, crucialmente, ele respondeu a isso retornando ao ginásio, trabalhando mais arduamente e treinando mais do que qualquer jogador no circuito profissional. Não foi sua crença em seu talento que o fez ganhar o torneio, mas sim sua fé na dedicação intensa.

NESTE CAPÍTULO

Identificando a tendência das pessoas ao autopreconceito

Examinando por que as pessoas acham que estão sempre certas

Buscando felicidades duradouras e tristezas perecíveis

Capítulo 8

Como Eu Sou Fantástico! Observando a Tendência Egoísta

Como você pode medir o resto do mundo? Se todo mundo formasse uma fila de acordo com quanto talento, atração ou moral tem, onde você ficaria? Você é bom o bastante para ir para o céu?

Um jornal nos EUA realizou uma enquete em que perguntou às pessoas quem elas achavam que passaria pelos portões dos céus. As pessoas ficaram divididas entre Bill Clinton, o presidente na época, com 52% achando que ele entraria; Oprah Winfrey era uma aposta melhor, elas achavam, com 66%; e Madre Teresa pontuou ainda mais. Mas as pessoas que participaram da enquete identificaram uma pessoa com uma chance ainda maior de entrar no paraíso: elas mesmas.

Embora seja improvável que as pessoas pesquisadas tenham devotado a vida a servir a Deus e ajudar aos pobres e órfãos necessitados como a santa dos dias modernos, Madre Teresa, muitos achavam que tinham uma chance maior de ir para o paraíso do que ela: 87% contra 79%.

Claramente algo estranho está acontecendo aqui em relação à autopercepção das pessoas. Apesar de todas serem amplamente diferentes na aparência, personalidade e habilidades, os psicólogos sociais acham as pessoas muito parecidas em um aspecto: como veem a si mesmas.

Neste capítulo, observamos algumas das maneiras pelas quais as pessoas são tendenciosas quando pensam sobre si mesmas (chamadas de *ilusões positivas*). Muitas vezes elas têm uma visão inflada de seu próprio talento ou habilidade, acham que estão certas na maioria das vezes e se enganam no quanto um evento as fará felizes ou tristes.

Sabemos que os primeiros dois pontos soam como se eu estivesse descrevendo narcisistas terríveis, como alguém do programa de TV *O Aprendiz*, mas o fato é que embora a maioria das pessoas pareça modesta e humilde, a psicologia social mostra que elas inflam suas autoimagens sistematicamente. Todo mundo escolhe como se apresentar para os outros do lado de fora, mas por dentro a maioria das pessoas abriga um egoísta arrogante.

Olhando para Si Mesmo: Ilusões Positivas

"Conhece-te a ti mesmo": isso estava inscrito no Templo de Apolo em Delfos e é um dos conselhos mais antigos da sabedoria da Grécia antiga. Hoje, com constantes provas padronizadas nas escolas, testes de personalidade e aptidão no trabalho e testes *online* diários para descobrir "com qual personagem de *Game of Thrones* você se parece mais?", certamente chegamos a tudo o que os gregos antigos poderiam desejar em termos de conhecimento sobre nós mesmos?

Bem, não exatamente. Embora as pessoas certamente tenham muitas opiniões sobre si mesmas, todos esses julgamentos tendem a ter um viés sistemático e muito difundido. Como mostrarei, elas são presas fáceis das ilusões positivas. As pessoas tendem a superestimar suas forças, subestimar suas fraquezas e acham que são só um pouquinho melhores que o resto do mundo.

Acreditando que você é melhor que a média

Garrison Keillor começou seu livro sobre a cidade fictícia de Lake Wobegon dizendo que era o lugar onde "... todas as crianças eram acima da média". Claro, todos os pais acham que seus filhos são especiais e maravilhosos de alguma maneira. Mas é claramente uma piada e notadamente impossível que *todas* elas sejam acima da média. Surpreendentemente, os psicólogos descobriram que não são só os pais no livro de Keillor que têm tais ilusões positivas. No exercício a seguir, você pode ver se seus amigos e família também têm essa visão positiva de si mesmos.

EXPERIMENTE

Peça a alguém próximo de você para classificar a si mesmo em uma escala de 1 a 100. Você pode perguntar sobre qualquer qualidade que quiser, mas aqui estão algumas sugestões:

- Você é uma pessoa generosa?
- Como é o seu humor?
- Você é um motorista seguro?

Em cada caso, você pode escolher dizer às pessoas: "Me dê um número entre 1 e 100, onde 50 é uma pessoa comum", ou, depois que elas se classificarem, você pode perguntar: "Quanto você acha que uma pessoa comum pontuaria?".

Eu prevejo que para cada uma dessas perguntas, as pessoas se classificarão bem acima da "pessoa comum". Talvez não por uma margem ampla e arrogante, mas consistentemente mais alta em cada caso. Também você teria respondido o mesmo, se já não tivesse começado a ler este livro, claro.

DICA

Não se preocupe se não descobrir por meio da sua pequena enquete que a maioria das pessoas pensa que é acima da média, porque uma abundância de dados muito fortes apoia essa afirmação.

Em determinado ano, quase um milhão de estudantes norte-americanos preencheu enquetes antes de sair do ensino médio com 18 anos de idade: na enquete, 89% se classificavam como acima da média em "se dar bem com os outros". Se esses estudantes fossem juízes precisos de sua própria sociabilidade, cerca de 50% diriam que são acima da média, porque é isso que "média" significa. Mas a estimativa deles era muito, muito acima disso. Isso também não é uma característica somente dos estudantes norte-americanos. Os mesmos resultados foram replicados por todo o mundo.

EXPERIMENTE

O efeito acima da média não é só grande, ele também é teimoso. Um pesquisador pediu às pessoas para se classificarem como motoristas seguros: a maioria se classificou como "melhor que a média". Mas aqui está a reviravolta: na época que responderam à pesquisa, essas pessoas estavam se recuperando de acidentes de carro no hospital, os quais elas admitiram que foram culpa delas!

O efeito acima da média varia para diferentes tipos de qualidades, sendo mais forte para aspectos subjetivos e socialmente desejáveis. Por exemplo:

- Ser bom em matemática é objetivo e fácil de medir com um teste, então é menos provável de exibir o efeito.
- Ser agressivo não é visto, normalmente, como algo desejável, então exibe menos o efeito.
- Ser sociável, um bom amigo ou sortudo são qualidades desejadas, e elas são difíceis de medir objetivamente, então apresentam o efeito com mais frequência.

Se algo se reflete bem sobre você e é difícil de medir, você frequentemente assume que é melhor que a maioria.

Julgando a si mesmo como melhor do que era antes

As pessoas não apenas se veem como melhores que as outras, mas também como melhores do que eram antes. Essa comparação com um *self* passado é uma forma de *comparação descendente*, que discutimos no Capítulo 7. As pessoas aumentam sua autoestima, julgando a si mesmas favoravelmente contra outras pessoas, que neste caso inclui seus "eus" passados.

Pergunte a alguém o quanto essa pessoa era agradável há um ano e o quanto ela acha que é agradável atualmente.

A maioria das pessoas provavelmente se dá uma classificação mais alta para como é agora do que para como era no passado. As pessoas frequentemente pensam que estão melhorando, mesmo quando a pesquisa não revela nenhuma mudança objetiva nesses traços.

Entretanto, e isso é interessante, quando você pede que as pessoas classifiquem o quanto um amigo era agradável há um ano e o quanto essa pessoa é agradável agora, elas tendem a não ver uma diferença grande. Então, esse contraste lisonjeiro com o passado é algo que as pessoas só fazem quando pensam sobre si mesmas.

Estimando suas forças como raras, mas suas falhas como comuns

LEMBRE-SE

Apesar de frequentemente terem um viés positivo quando avaliam a si mesmas, as pessoas não são completamente cegas em relação a suas falhas. Contudo, mesmo aqui, elas exibem um viés de autoconveniência:

» Elas tendem a ver os eventos negativos como causados por fatores *externos*, instáveis e específicos. Em outras palavras, elas falharam no teste de direção porque o examinador era malvado e isso não acontecerá com outro instrutor da próxima vez.

» Elas tendem a ver eventos positivos como causados por fatores *internos*, estáveis e globais. Então, elas ganham um jogo de perguntas familiar porque são muito inteligentes, ganharão o jogo da próxima vez e provavelmente ganhariam naqueles shows de perguntas na TV.

Esse viés afeta também as crenças sobre as outras pessoas. As pessoas supõem que os aspectos ruins da própria personalidade são comuns. Por exemplo, ladrões de loja *superestimam* que um número alto de outras pessoas também roubem lojas. Se elas procrastinam bastante, pensam que a maioria das pessoas são da mesma maneira.

Mas as pessoas acham que suas boas qualidades são raras. Se ganham um troféu esportivo na escola, elas *subestimam* as outras pessoas que têm o mesmo troféu em algum lugar da estante da sala. Se são muito organizadas, elas tendem a pensar que as outras pessoas não possuem a mesma habilidade.

DICA

Lembre-se desse viés de autoconveniência se algum dia estiver lendo candidaturas para um emprego ou uma universidade. Meu recorde foi uma leva de candidaturas de alunos em que eu contei 17 pessoas com uma "sede de conhecimento sem igual"!

Autoincapacitação: O fracasso não é culpa sua

Muitas ilusões positivas têm um efeito benéfico para o *self*: elas fazem as pessoas mais felizes. Mas a necessidade de ter uma visão positiva de si mesmo é tão forte que o tiro pode sair pela culatra e, perversamente, fazer com que se sinta pior. Esse comportamento é chamado de autoincapacitação, e podemos apostar que você já fez isso.

EXPERIMENTE

Imagine a noite anterior a uma prova de matemática muito importante; você tem apenas algumas horas para estudar e está começando a entrar em pânico. Nesta situação, você já se viu decidindo sair com os amigos de repente? Ou ligando a TV e assistindo a uma maratona de séries? Ou começando um jogo de computador para terminar "só mais um nível" e então completando o jogo inteiro? Depois você cai no sono exausto, e seus livros estão intocados.

Quando realiza a *autoincapacitação*, você está se envolvendo em um comportamento que sabe que prejudicará suas chances de ser bem-sucedido: você sabe que não se sairá tão bem no teste se sair na noite anterior, mas o faz mesmo assim. Por que alguém prejudicaria suas próprias chances de sucesso?

Bem, aqui está uma possível resposta. Digamos que você estude muito. Você vai para a cama em um horário decente e consegue dormir por oito horas. Então você faz a prova de matemática mas não vai bem: você só consegue tirar 7,5. O que você pode concluir sobre si mesmo? Provavelmente, que não é bom em matemática, o que é um tiro bem grande na sua autoestima.

Mas se você se autoincapacitar, nunca estará nessa posição, já que está criando uma razão para o seu fracasso. Você estava destinado a tirar 7,5, e pode dizer isso a si mesmo, porque saiu para dançar até as 2h da manhã. Esse 7,5 não significa que você é ruim em matemática; só significa que você gosta de dançar.

A autoincapacitação parece um paradoxo, porque as pessoas estão deliberadamente prejudicando suas chances de sucesso. Na verdade, a autoincapacitação mostra que elas preferem falhar com certeza e com uma desculpa, em vez de se esforçar muito e encarar a *possibilidade* de fracassar, o que prejudica suas ilusões positivas de si mesmas.

Achando que Você Está Certo na Maior Parte do Tempo

No Capítulo 3, falamos sobre o maior inimigo da psicologia social: o senso comum. Sempre que você descrever uma descoberta ou um experimento, alguém, com certeza, exclamará: "Eu já sabia disso!". Esse fenômeno é chamado de *viés de retrospectiva*.

Os psicólogos sociais identificaram vários desses vieses que inflam o autoconceito das pessoas, convencendo-as de que estão certas, sempre estiveram certas e que pessoas com uma opinião diferente da delas estão simplesmente desinformadas. Esses vieses muitas vezes servem como uma função útil de proteção e nutrição da autoestima, mas eles também podem levar as pessoas a conflitos e confusões.

Nesta seção, descrevemos por que você sempre acha que fez a escolha certa, que suas crenças são perfeitas e que as outras pessoas estão simplesmente erradas!

Considerando que suas escolhas estão certas

LEMBRE-SE

Se algo é associado ao *self*, por escolha ou por acidente, seu valor cresce ao olhar das pessoas. Se alguma coisa não é associada ao *self*, porque a pessoa não escolheu ou a rejeitou, seu valor perceptível cai. Experimentos repetidamente mostram essa realidade. Isso funciona para coisas como sua casa e sua carreira, mas também para coisas triviais, como canecas e canetas que você possui que parecem muito melhores do que aquelas canecas e canetas quase idênticas, mas claramente inferiores, que as outras pessoas têm.

Em um experimento, foram mostradas aos participantes seis impressões de arte, e foi pedido que as classificassem em ordem de preferência. Era dito a eles, então, que poderiam levar uma delas para casa. Mas infelizmente o pesquisador mentiu, dizendo que apenas duas delas estavam em estoque. Os participantes receberam as opções entre as imagens colocadas no quarto e no quinto lugares. Sem surpresas, a maioria escolheu a imagem do quarto lugar.

Vários dias depois, o pesquisador chamou os participantes de volta ao laboratório. Mostrou a eles o mesmo conjunto de impressões e pediu para que as classificassem novamente. Tipicamente, a imagem que eles levaram para casa, anteriormente em quarto lugar, agora havia sido colocada na primeira ou segunda posição. A imagem que eles não escolheram para levar para casa caiu para o último lugar.

CAÇADOR DE MITOS

As pessoas estão acostumadas com a ideia de que suas opiniões determinam suas escolhas, mas este experimento mostra que surpreendentemente as escolhas também influenciam as opiniões.

As pessoas são inclinadas a qualquer coisa associada com elas mesmas e contra coisas que elas perderam ou pelas quais foram rejeitadas. Os concorrentes em um *game show* estimam que o valor dos prêmios seria muito maior se eles os tivessem ganhado. Os alunos ficam conscientes de repente de uma fraqueza da universidade depois que ela os rejeita. As pessoas concluem que testes padronizados são enviesados depois que falham em um.

Tendo certeza de que suas crenças estão corretas

LEMBRE-SE

Todo mundo é falível no que diz respeito ao pensamento enviesado, algo chamado de *realismo ingênuo*: a crença errônea de que sua própria visão subjetiva do mundo é uma visão objetiva verdadeira. Isso tem sido chamado de o maior viés do pensamento social. Ele penetra no raciocínio e explica por que as pessoas argumentam e falham em resolver suas diferenças.

Aqui vai um exemplo da minha própria vida. Quando comecei meu doutorado, comprei meu primeiro computador Apple. Eu o adorava, e estou no meu nono Apple Mac seguido. Neste momento, ao lado do meu laptop tem um iPad e, ao lado dele, um iPhone. Eles parecem bonecas russas de alta tecnologia. Eu tentei usar outros PCs, mas os acho incrivelmente mal projetados. Nada está onde eu espero que esteja e os menus são contraintuitivos. Eu tive um telefone Android uma vez, mas a capinha dele ficava caindo. Confesso que isso acontecia porque eu continuava jogando ele contra a parede devido à frustração. Resumindo, eu amo os produtos da Apple porque são os melhores.

Mas com essa última frase eu cometi um enorme erro: o pensamento enviesado. Eu acredito que os produtos Apple são melhores que os seus competidores, mas existe uma grande diferença entre uma opinião subjetiva e um fato objetivo. Objetivamente, não existe um sistema de computador "melhor": apenas o sistema operacional ao qual você está acostumado e que melhor atende às suas necessidades. Mas com computadores, times esportivos, partidos políticos e tipos de música, as pessoas frequentemente confundem suas opiniões com fatos sobre o mundo.

LEMBRE-SE

O realismo ingênuo produz outro efeito, chamado de *falso consenso*. As pessoas tendem a superestimar o número de pessoas que concordam com elas. Como acham que suas opiniões são reflexos verdadeiros do mundo, entender por que qualquer outra pessoa pensaria o contrário é difícil.

Esses vieses são tão difíceis de evitar porque as pessoas são limitadas por suas próprias experiências. O Capítulo 5 revela que você tende a gostar de coisas que experimenta bastante — o *efeito da mera exposição*. Eu gosto dos computadores da Apple porque sempre estive próximo deles e tive experiências positivas na maioria das vezes. Eu tenho dificuldade para imaginar gostar de PCs (ou de música country ou de navios de cruzeiro) porque pessoalmente não tive tantas experiências com eles e não consigo encontrar razões para gostar deles. Então eu acho, falsamente, que essas coisas são objetivamente ruins. Logo, as outras pessoas também devem reconhecer esses "fatos" e concordar comigo.

O MAIOR VIÉS DO MUNDO

O realismo ingênuo é incrivelmente difícil de evitar. Um professor de psicologia social pediu que seus alunos definissem tal realismo em sua prova. Então, ele perguntou a eles com que frequência achavam que a pessoa comum cometia esse erro e com que frequência eles próprios o cometiam. Os alunos pensavam que eles haviam cometido o erro com menos frequência do que as outras pessoas. Em outras palavras, eles diziam que as *outras pessoas* confundiam suas opiniões subjetivas com fatos, mas que eles não o faziam. Incrivelmente, eles próprios demonstraram o viés do realismo ingênuo enquanto respondiam à pergunta da prova sobre o realismo ingênuo, quando você acharia que isso estaria em foco em suas mentes!

Referindo-se ao resto das pessoas como erradas!

Se eu acho que a minha opinião é objetivamente verdade, o que eu acho das pessoas que discordam de mim? Bem, elas devem ter o pensamento enviesado. As consequências do realismo ingênuo (veja a seção anterior) estão todas ao seu redor. Veja qualquer artigo ou crítica de jornal online que tenha uma seção de comentários. Quase todas as brigas começam quando as opiniões subjetivas de duas pessoas colidem e cada uma está convencida de que a sua é a verdade objetiva.

Essa tendência foi mostrada em experimentos. Os pesquisadores perguntaram aos participantes se usariam uma placa de sanduíche anunciando um produto e andariam pelas ruas. Cerca de metade das pessoas disse que sim e metade disse que não. Os pesquisadores então pediram a elas para estimar quantas pessoas fariam a mesma escolha que a delas. Tanto as pessoas que disseram sim quanto as que disseram não estimaram que a maioria das pessoas tomaria exatamente a mesma decisão que elas.

Esse mesmo método de pensamento causa enormes problemas para jornalistas ou qualquer um tentando apresentar alguma coisa como verdade objetiva. Quando uma história discorda do ponto de vista do leitor, essa pessoa acusa o jornalista de ser tendencioso. Muitos jornais e canais de TV fazem a cobertura do ponto de vista de seus clientes por essa razão.

Mas as organizações como a BBC não podem fazer isso, porque todo mundo no Reino Unido a financia, e o governo instrui que ela seja o mais objetiva possível. Politicamente, a BBC é acusada frequentemente de ser tendenciosa pelos partidos de esquerda e de direita ao mesmo tempo, o que é exatamente o que você espera se ela estiver fazendo uma cobertura justa. Então, contraintuitivamente, quanto mais as pessoas acusam a BBC de ser tendenciosa, mais equilibrada ela provavelmente é.

Questionando-se por Quanto Tempo Algo o Faz Feliz

LEMBRE-SE

Geralmente, as pessoas são muito boas em adivinhar se algo as fará se sentir bem ou mal. Por exemplo, comprar um novo par de sapatos será bom; usá-los e ganhar uma bolha será ruim. Essa habilidade é chamada de *previsão afetiva*, em jargão psicológico. Como revelamos nesta seção, embora as pessoas sejam muito boas em julgar se algo é positivo ou negativo, elas muitas vezes são muito ruins em julgar por quanto tempo essa felicidade ou tristeza vai durar.

O psicólogo Daniel Gilbert e seus pares estudaram a previsão afetiva, porque ela é muito importante para entender as decisões que você toma. Você não só vive o momento, tem que fazer escolhas baseadas no que você acha que vai acontecer e como acha que vai se sentir. Vale a pena economizar para comprar aqueles sapatos ou você deveria sair para jantar? Os sapatos o farão feliz o suficiente a ponto de você não se importar em mancar por aí com uma bolha por alguns dias? Gilbert descobriu que as pessoas são normalmente muito boas em previsões afetivas, a não ser em antecipar a duração do benefício ou do problema.

Na discussão desta seção sobre previsão afetiva, não falaremos sobre eventos extremamente traumáticos e estressantes que provocam problemas clínicos de saúde mental severa. Em vez disso, focarei como as pessoas reagem a eventos extremamente negativos e positivos quando são sortudas o bastante para manter sua saúde mental.

Confiando que o tempo realmente cura

EXPERIMENTE

Veja como você se sai com este exercício. Identifique quais dos seguintes eventos você preferiria que acontecesse com você na semana que vem:

» Você é atropelado por um ônibus e perde o movimento das pernas.

» Você ganha um milhão de reais na loteria.

Essa provavelmente é uma das perguntas mais fáceis neste livro. Sem dúvida, você acha que ganhar na loteria o faria se sentir mais feliz do que ser atropelado por um ônibus. Mas agora imagine, como no filme *De Caso com o Acaso*, que existam duas versões de você. Uma ganha na loteria e se sente muito feliz. A outra é atropelada por um ônibus e se sente muito triste. Eventualmente, esses dois "você" se sentiram mais ou menos iguais, porque a felicidade de ganhar na loteria, com certeza, passará, e a infelicidade do acidente diminuirá.

Mas quanto tempo você acha que se passará antes de o sentimento bom de ganhar na loteria morrer e o sentimento ruim do acidente desaparecer? Quanto tempo antes que as suas duas versões fiquem igualmente felizes: um mês, um ano, uma década?

CAÇADOR DE MITOS

A maioria das pessoas acha que são anos, até mesmo décadas, antes que isso aconteça. Mas a resposta surpreendente é que são, em média, três meses. Não importa o quão maravilhosa ou terrível seja uma experiência de vida, cerca de três meses depois que ela acontece, suas emoções voltam ao normal.

A pesquisa é bem clara, mesmo para uma das piores experiências que possam acontecer a uma pessoa: a morte de um filho. O que os pais sentem quando seus filhos morrem é inimaginável para a maioria das pessoas, mas mesmo depois de experienciar o mais terrível dos eventos, depois de três meses os pais estão tão felizes quanto antes de seu filho morrer. Esse é o resultado de uma pesquisa longa com pais que passaram por essa exata situação.

Mudando de foco ao longo do tempo

Sempre que falo para as pessoas sobre a pesquisa da seção anterior, elas têm muita dificuldade em acreditar. Estão convencidas de que isso deve levar mais tempo, que suas previsões afetivas de anos e décadas devem estar certas.

As pessoas fazem estimativas tão longas, e então desacreditam que estão erradas, por causa de algo chamado *focalismo*. A ideia é que a natureza dramática inerente desses eventos — ser atropelado por um ônibus, perder um filho, ganhar na loteria — causa dificuldades para que as pessoas prevejam precisamente suas emoções sobre eles. As pessoas focam os aspetos extremos bons ou ruins e ignoram o resto que aconteceria em sua vida futura.

Pense novamente em como você faz previsões afetivas. Quando pedem que imaginem a morte de um filho e quanto tempo dura o luto, muitas pessoas veem a experiência como uma montagem em um filme muito triste: semanas de luto, vestindo preto; tentando limpar o quarto da criança, mas incapazes de mudar algo de lugar; vendo os amigos da criança felizes e abraçando seus pais; meses depois descobrir um brinquedo quebrado embaixo do sofá; passar pela parede da cozinha e ver todas as marcas feitas em cada aniversário, registrando a altura, e vendo as marcas pararem quando a criança ainda era impossivelmente pequena. Cada um desses momentos parece insuportavelmente triste. Quando visto dessa forma, imaginar que todos esses sentimentos horríveis possam desaparecer depois de apenas três meses parece impossível.

LEMBRE-SE

O ponto-chave é que, ao fazer suas previsões afetivas, você está *focando* os piores aspectos da experiência. Quando cria sua montagem mental da situação, você está olhando as cenas mais dolorosas e comoventes. Mas as pessoas não vivem suas vidas em montagens; elas vivem 24 horas todos os dias.

Então, as pessoas falham em imaginar esse tempo uma semana ou um mês depois do evento quando estão lavando roupa, sem pensar muito sobre isso; quando algo acontece no trabalho e elas precisam ficar concentradas; quando se voluntariam na antiga escola do filho e fazem conexão com outras crianças que as fazem sentir-se necessárias. Essas experiências cotidianas determinam o humor tanto quanto as grandes tragédias e sucessos da vida.

Eu não quero dizer em momento algum que os pais que perderam um filho não estão mais tristes sobre o evento três meses depois. Claro, eles continuam devastados sempre que pensam sobre isso, provavelmente para o resto de suas vidas. Mas para muitos, em muitos momentos durante o dia, eles não estão pensando sobre seu filho perdido, e depois de cerca de três meses esses outros momentos mundanos são o que determinam sua felicidade geral.

Observando o papel do seu sistema imunológico psicológico

O resultado surpreendente da pesquisa sobre a previsão afetiva é que, em geral, você estará menos triste e menos feliz do que imagina.

CAÇADOR DE MITOS

Se você falar com pessoas em relacionamentos felizes e perguntar a elas como se sentiriam se levassem um fora amanhã, elas responderiam que isso as deixaria devastadas, que elas nunca amariam novamente. Mas quando você fala com pessoas solteiras que acabaram de levar um fora ou que estão solteiras há muito tempo, elas estão tão felizes quanto pessoas em casais.

De maneira similar, se você perguntar a pessoas o quanto ficariam felizes se ganhassem um aumento amanhã ou fossem despedidas e tivessem uma redução de salário, elas estimariam um grande impacto em sua felicidade. Ainda assim, os pesquisadores encontram pouquíssima correlação entre riqueza e felicidade. À medida que a renda aumenta por toda a sociedade ou ao longo da vida das pessoas, a felicidade relatada não muda.

LEMBRE-SE

As pessoas parecem ter desenvolvido um sistema imunológico psicológico robusto. Assim como seu corpo pode se recuperar e se reparar fisicamente de muitas doenças, você também pode se recuperar do pior que sua vida lhe der.

Se você tiver o azar de sofrer uma tragédia em sua vida, pode ir a um terapeuta freudiano que mergulha fundo na sua infância e culpa o seu relacionamento com seus pais. Ou você pode ler todos os livros de autoajuda na prateleira. Ou você pode ouvir o conselho que minha avó me deu, e talvez a sua também: "Pronto, pronto. Dê tempo ao tempo. Você ficará bem".

NESTE CAPÍTULO

Explicando as ações dos outros

Definindo o erro fundamental de atribuição

Capítulo 9

Atribuindo Causas ao Comportamento das Pessoas

As maneiras pelas quais as pessoas explicam o comportamento umas das outras é um assunto fascinante. Muitas vezes você conhece pessoas, avalia suas ações e então faz suposições sobre elas muito rapidamente, sem propriamente entender como chegou a essa conclusão. Se você está pensando: "E daí?", lembre-se de que outras pessoas também estão fazendo a mesma coisa sobre o seu comportamento. Então, se você já sentiu algum dia que as pessoas o julgaram injustamente ou tomaram conclusões precipitadas sobre seu comportamento, você pode se perguntar como e por que as pessoas entendem as causas do comportamento alheio.

Não se pergunte mais, porque este capítulo fornece algumas possíveis respostas à medida que observo esses processos misteriosos. Introduzimos o que queremos dizer com *atribuição* no contexto psicológico social e revelamos o erro central que muitas pessoas cometem quando avaliam as causas do comportamento alheio, chamado de erro fundamental de atribuição.

Introduzindo o Conceito de Fazer Atribuições

LEMBRE-SE

Atribuição é um jargão psicológico para uma explicação que conecta o comportamento de uma pessoa a uma causa. Imagine que você escute uma pessoa no balcão de check-in de um hotel brigar com a recepcionista. Talvez você *atribua* esse comportamento à sua personalidade — ela é só uma pessoa mal-educada. Ou, notando as etiquetas em sua bagagem, você culpa o *jetlag* — o cansaço minou sua paciência.

No contexto das atribuições, os psicólogos sociais não estão realmente interessados no motivo pelo qual a pessoa agiu como agiu. Em vez disso, como veremos nesta seção, eles estão interessados em quando, como e por que as pessoas que lhe assistiam fizeram suas atribuições.

Entendendo quando você tende a fazer atribuições

LEMBRE-SE

Você não explica tudo sobre o comportamento das outras pessoas; isso seria exaustivo. Imagine pensar por que alguém escolheu certa roupa naquele dia, por que pegou certo sabor de café, por que parou para conferir seu telefone antes de atravessar a rua ou por que ficou tão furioso com o psicólogo amador que o perseguia e fazia perguntas sobre cada movimento seu. Como todo mundo, você gera atribuições apenas para tipos específicos de comportamento em tempos específicos. Muitas vezes, você tenta explicar as ações de alguém quando o comportamento é incomum ou único: se é surpreendente, negativa ou atípica, a ação precisa de uma explicação.

Se você vê uma pessoa vestindo uma cartola verde enquanto anda pela rua, esse comportamento grita por uma explicação. Se o comportamento parece atípico — se a pessoa estiver vestida sobriamente com terno e gravata —, você busca uma atribuição. Além disso, se o comportamento é de alguma forma negativo — se a pessoa está sendo barulhenta e escandalosa —, você provavelmente se perguntará por quê.

Mas se é o Dia de São Patrício e todo mundo está vestido dessa maneira, cantando e dançando, você provavelmente não busca uma atribuição para explicar o comportamento desse indivíduo.

Decidindo entre uma pessoa "má" ou uma situação "ruim"

Neste capítulo, nossa preocupação é com dois métodos gerais de fazer atribuições para comportamentos que frequentemente causam erros:

LEMBRE-SE

- **Atribuições disposicionais:** Avaliam a causa de uma ação como *interna* de uma pessoa, como a personalidade ou o humor. Essas atribuições explicam o comportamento dizendo algo sobre as qualidades inerentes de uma pessoa. Então, acreditar que alguém está gritando na rua porque é uma pessoa furiosa é uma atribuição disposicional.
- **Atribuições situacionais:** Envolvem as causas que são *externas* à pessoa, como a situação, experiências recentes ou o comportamento de outras pessoas. Se você disser que alguém está gritando na rua porque acabou de receber uma multa de estacionamento, essa é uma atribuição situacional.

Esses dois tipos de atribuições não são apenas de interesse acadêmico, porque elas são imensamente importantes para a vida das pessoas e para a sociedade. Problemas sérios podem surgir quando as pessoas atribuem ações à causa errada. Por exemplo, muitos argumentos legais chegam à mesma pergunta básica de atribuições. Em um julgamento de assassinato, por exemplo, os membros do júri se perguntam se o acusado foi responsável pelo crime ou algo sobre a situação causou que essa pessoa o fizesse. Em muitos casos, se um elemento situacional é provado — como um medicamento incapacitando o julgamento de alguém ou o acusado ser provocado por outros —, a punição pode ser reduzida ou até removida. O assassino de Harvey Milk, nos EUA, por exemplo, foi solto depois que sua defesa alegou que os aditivos em seu lanche haviam obscurecido sua mente.

Presa Fácil do Erro Fundamental de Atribuição

LEMBRE-SE

O *erro fundamental de atribuição* (EFA) é um erro comum que as pessoas cometem quando explicam o comportamento de alguém: elas fazem uma atribuição disposicional, quando deveriam fazer uma situacional (para as definições dessas duas atribuições, confira a seção anterior, "Decidindo entre uma pessoa 'ruim' ou uma situação 'ruim'").

Nesta seção, descrevemos como os pesquisadores descobriram o efeito que ficou conhecido como EFA (como tantas vezes com grandes descobertas, foi por acidente), como eles o demonstraram por meio de experimentos e como você pode descobrir como perceber que você mesmo está cometendo o mesmo erro.

Vendo a descoberta surpreendente de Jones e Smith

Os primeiros psicólogos sociais estavam muito interessados no processo pelo qual as pessoas geravam explicações para os comportamentos umas das outras. Eles realizaram alguns experimentos muito inteligentes para investigar esse processo, e enquanto o faziam se depararam com o que parecia ser um erro surpreendente e teimoso no raciocínio das pessoas.

Jones e Smith queriam entender como as pessoas fazem atribuições disposicionais (aquelas que comentam sobre a pessoa em vez de sobre a situação) sobre atitudes. Em seu experimento, eles perguntaram a um grupo de pessoas se eram a favor ou contra Fidel Castro, e então pediram aos membros que escrevessem uma redação apoiando suas visões. (Este experimento foi conduzido nos EUA na década de 1960, quando Castro era uma figura altamente controversa.) Outro grupo de pessoas leu essas redações e então classificou o quanto achavam que o escritor era a favor ou contra Castro.

Sem surpresas, as pessoas que leram as redações a favor de Castro atribuíram a disposição ao escritor que a pessoa era pró-Castro. Mas os pesquisadores perceberam que precisavam de uma condição inicial — as pontuações para comparar com essas classificações. Então eles recrutaram outro grupo de classificadores e lhes disseram que os escritores das redações haviam sido *instruídos aleatoriamente* a escrever uma redação a favor ou contra Castro. Como os classificadores pensavam que os escritores haviam sido informados quais emoções expressar, os pesquisadores acharam que os classificadores não teriam nenhuma crença sobre a verdadeira opinião dos escritores. Mas não foi assim que os classificadores se comportaram.

Nessa condição de controle, os classificadores ainda disseram que as redações que expressavam o ponto de vista pró-Castro eram provavelmente escritas por pessoas que eram pró-Castro. Os pesquisadores se asseguraram duplamente de que os classificadores entenderam que eles haviam sido *instruídos* a expressar aquelas visões. Mas mesmo assim os classificadores tendiam a fazer uma atribuição disposicional, preferindo concluir que a redação era o resultado de como os escritores realmente se sentiam, em vez de uma atribuição situacional que era porque haviam sido informados a fazê-lo. Claramente o poder da situação é bem forte (algo que examinamos mais no Capítulo 11).

Smith e Jones descobriram um erro no pensamento das pessoas que eles chamaram de "viés de correspondência", embora talvez seja melhor conhecido pelo termo mais recente, erro fundamental de distribuição.

TAMBÉM CONHECIDO COMO VIÉS DE CORRESPONDÊNCIA

O erro fundamental de atribuição tem outro nome: viés de correspondência. Os termos são usados indistintamente na literatura de psicologia social. Alguns psicólogos pensaram que "erro fundamental de atribuição" era um rótulo um pouco extremo, porque o comportamento pode ser atribuído à personalidade em algum grau. Então, alguns cientistas propuseram que "viés de correspondência" capturava melhor esse aspecto graduado. Em outras palavras, as pessoas têm um viés para pensar que o comportamento corresponde a disposições ou a uma personalidade, em vez de a uma situação. Entretanto, este termo não pegou completamente, então você ainda encontra o uso de erro fundamental de atribuição em artigos e livros acadêmicos.

Revelando o EFA por meio de experimentos e experiências

O estranho viés que Jones e Smith descobriram foi o foco de vários experimentos, enquanto os psicólogos tentavam entender como e por que as pessoas cometem o erro fundamental de atribuição.

No exemplo mais famoso de uma demonstração experimental de EFA, Lee Ross e seus colegas pediram aos voluntários para participarem de uma demonstração de um jogo de perguntas. Eles escolheram dois participantes de um grupo maior e jogaram uma moeda na frente de todo mundo, tornando uma pessoa o questionador e a outra o competidor. Foi dito ao questionador para pensar em várias perguntas de conhecimentos gerais que fossem difíceis de responder. Então, o questionador fazia as perguntas ao competidor na frente de todos os outros participantes. Normalmente, o competidor ia mal neste teste e o questionador tinha que dizer as respostas à pessoa.

Os pesquisadores então pediam a membros do público que classificassem a inteligência do questionador e do competidor. Notavelmente, eles classificavam o competidor abaixo do questionador. A essa altura, o competidor — como você deve esperar — argumentava que esse teste era realmente injusto: claro que o questionador sabia as respostas de todas as perguntas — ele as havia selecionado!

CAÇADOR DE MITOS

Mas os membros do público, os reais participantes neste experimento, eram passíveis de fazer o EFA. Eles ignoravam a atribuição situacional para a performance ruim do competidor: o fato de ele não ter selecionado as perguntas. Em vez disso, eles pulavam para uma atribuição disposicional: o competidor não é tão inteligente quanto o questionador.

Da mesma maneira, como no exemplo do jogo de perguntas, os alunos em minhas aulas formam opiniões sobre mim. Toda semana eles me veem falar por uma hora ou mais, sem notas, sobre tópicos complexos que vão simplesmente além do seu entendimento, respondendo a qualquer pergunta que surja. Eles podem pular para uma atribuição disposicional e achar que minha performance é uma grande exibição de inteligência e que eu posso falar sobre qualquer coisa.

Mas essa atribuição ignora todas as forças situacionais complexas produzindo essa aula. Por exemplo, o fato de eu ter escolhido para minha aula apenas os tópicos que conheço e que sei que eles não conhecem; que eu posso ver minhas notas no meu laptop; e que — de acordo com a informação que eles têm — eu posso ter procurado essas coisas na Wikipédia momentos antes da aula.

Quando comecei a dar aulas, fiquei assustado com a tarefa de montar 25 horas de material que cobrisse toda a disciplina de psicologia. Um colega sênior me tranquilizou: "Você só tem que se certificar de que está cinco páginas à frente dos alunos no livro didático, e eles presumem que você sabe tudo!". Claro, eu tento não usar esse exemplo específico nas minhas aulas!

Identificando os sinais do EFA

Quando você o entende, começa a ver o EFA por toda parte. Você pode pensar nele como o viés que as pessoas têm em relação a pensar sobre personalidades, em vez de situações. Por exemplo, digamos que um político anuncie que está cortando pagamentos de previdência social para desempregados. Você talvez fique tentado a pular para a conclusão de que ele odeia pessoas pobres, em vez de considerar a rede complicada de previsões econômicas, acordos políticos e promessas ideológicas que produziram essa política.

DICA

Quando as pessoas vencem uma competição esportiva, por exemplo, elas também fazem o EFA, pulando para a atribuição de que foram bem-sucedidas por causa de suas disposições especiais — seu talento nato. Mas isso ignora seus anos de prática e treinamento, os recursos técnicos e o treinador especializado do qual se beneficiaram.

Você também pode pensar que o EFA é o erro de pensar que uma situação altamente influencial é fraca. No Capítulo 12, falamos sobre os experimentos perturbadores de Milgram nos quais ele coloca os participantes em uma situação em que é pedido que apertem um botão que causa imensa dor a uma pessoa inocente. Quando ele apresentou esses experimentos pela primeira vez para outros psicólogos, Milgram pediu a eles que adivinhassem quantos participantes obedeceriam a suas instruções. Normalmente, eles chutavam algo como cerca de 5% das pessoas. Na realidade, mais de 65% dos participantes obedeciam.

CAÇADOR DE MITOS

Assim como membros do público, esses psicólogos profissionais (que você talvez pense que deveriam saber mais) cometeram um erro fundamental de atribuição. Eles pensaram que a situação teria apenas uma fraca influência no comportamento dos participantes, pensando que as disposições dos participantes — seu bom senso e bondade — os impediria de machucar outra pessoa. Mas não.

Nos Capítulos 11 e 12, buscamos entender mais sobre o complicado poder causal da situação que compele tal comportamento.

Pegando o caminho mais simples para explicar o comportamento

Você talvez esteja pensando em por que as pessoas preferem priorizar disposições internas sobre situações externas quando buscam causas para explicar o comportamento. Uma resposta é a simplicidade.

Pensar em uma causa interna para o comportamento de uma pessoa é fácil — o professor rigoroso é uma pessoa ruim, os pais amorosos apenas amam seus filhos. Em contraste, explicações situacionais podem ser complexas e obscuras. Talvez o professor pareça ser malvado porque viu as consequências de não se esforçar em gerações de alunos e quer instilar a autodisciplina neles. Talvez os pais que estão se gabando das conquistas de seus filhos sejam frustrados sobre seus fracassos e conscientes do custo das mensalidades da escola. Esses fatores situacionais requerem conhecimento, insight e tempo para pensar. Pular para uma atribuição disposicional é muito mais fácil.

Você pode ver a mesma coisa acontecendo quando as pessoas fazem atribuições sobre objetos simples. Richard Nisbett e seus pares mostraram aos participantes um vídeo de uma lasca de madeira, presa nos redemoinhos e correntes de um riacho de movimento rápido, indo para lá e para cá. Eles perguntavam às pessoas o que estava acontecendo no vídeo. Os participantes eram propensos a falar sobre a lasca de madeira e suas disposições, como "queria" se mover ou ficar próximo a uma rocha (mesmo que, claramente, uma lasca de madeira não possa "decidir" ou "querer" nada). Poucas pessoas viram e contaram a história mais complicada sobre as correntes de água, como interagiam umas com as outras e as rochas moviam a lasca.

LEMBRE-SE

As pessoas frequentemente buscam uma história simples de disposições sobre uma história complexa sobre a situação.

Vivendo com as consequências do EFA

A ignorância em relação ao EFA causa vários tipos de consequências, algumas sérias e outras um pouco menos. Discutiremos apenas duas nesta seção.

Imaginando a verdade sobre a vida de celebridades

O "jornalismo" de celebridades é um termo estranho e distorcido, que dá lucro, em sua maioria, a celebridades e jornalistas, claro. Nunca tanta coisa foi impressa sobre tão pouco!

LEMBRE-SE

O erro fundamental de atribuição é o enigma que move todas essas histórias, principalmente as imagens. Ele o empurra para ver as circunstâncias reais dessas imagens isoladas, selecionadas e retocadas, que geram a crença de que você está conhecendo essas pessoas.

CAÇADOR DE MITOS

Você provavelmente sente que conhece alguma coisa sobre as celebridades na sua tela. Você sabe como o Brad Pitt e a Paris Hilton são. Você já viu imagens deles sorrindo forçadamente, indo a clubes com outras celebridades com quem podem ou não ter um caso. Você já viu fotos deles manchados de lágrimas depois de terem sido dispensados mais uma vez.

Mas quando você olha para essas fotos de paparazzi, é instigado a cometer o erro fundamental de atribuição. Você busca uma explicação para o porquê de, digamos, eles parecerem tão zangados e atribui isso a suas disposições: eles devem ter um temperamento explosivo. Você não leva em consideração a situação ao redor da fotografia — que a celebridade está sendo seguida o dia todo por um bando de paparazzi. Ela pede pacientemente para ser deixada em paz, mas ainda é fotografada com lentes de longo alcance dentro da sua própria casa. Finalmente, ela tenta deixar os fotógrafos para trás dirigindo, mas é seguida por fotógrafos em motocicletas que olham através das janelas do carro. Enquanto sai do carro, um flash dispara em seus olhos e ela grita com raiva para o fotógrafo. Alguém tira uma foto dessa reação, imprime na revista, e os leitores pensam: "Ah, aí está o famoso temperamento de novo".

Na verdade, o processo em tais revistas pode ser ainda mais espantoso. Uma editora explicou como certa vez ela cobriu uma história sobre a atriz Jennifer Aniston. Seu ex-marido, Brad Pitt, tinha adotado um bebê naquela semana com sua nova parceira, Angelina Jolie. O time editorial sentou para discutir como Jennifer deve ter se sentido sobre isso. Então, eles olharam uma pilha de fotografias enviadas a eles pelos paparazzi que a seguiram naquele dia. Era um conjunto de fotos de Jennifer pegando um café e indo embora. Os editores decidiram que ela provavelmente estava muito chateada com o que "Brangelina" tinha feito. Então, eles encontraram uma foto onde Aniston parecia chateada — ou estava apenas apertando os olhos por causa do sol, saindo da cafeteria — e imprimiram com a seguinte manchete: "Jennifer em lágrimas por causa do novo Papai Brad".

Morrendo devido ao EFA

A tendência das pessoas de escolher simples atribuições disposicionais, em vez de complexas atribuições situacionais, pode ter consequências extremamente sérias. Depois dos ataques terroristas do 11 de Setembro, nos EUA, em 2001, o presidente George W. Bush fez essa declaração sobre o instigador Osama bin Laden: "A única coisa que eu sei, com certeza, sobre ele é que ele é mau". Ele afirmou basicamente que a razão para o ataque do 11 de Setembro era a disposição de um homem.

Na época, algumas pessoas começaram a fazer perguntas complexas sobre as forças situacionais: por que essas pessoas odeiam os EUA? O que esperam ganhar com um ataque terrorista? Mas muitos políticos e líderes extremistas condenaram essa discussão, dizendo que era antipatriótico reconhecer a possibilidade de que as ações dos EUA eram parte de uma cadeia casual que levou ao ataque. Então, forçada pelo erro fundamental da atribuição, a história contada sobre o 11 de Setembro se tornou uma das disposições — vilões e heróis —, em vez de uma história complexa de forças políticas e a política estrangeira de uma nação. Discutivelmente, essa história simples levou a várias consequências muito ruins para todos os envolvidos quando os EUA e seus aliados tomaram a ação militar em resposta ao 11 de Setembro.

Indo Mais Fundo no EFA

O erro fundamental de atribuição não é uma tendência estável consistente. Nem todas as pessoas cometem o erro no mesmo grau: diferenças na força do viés se aplicam em diferentes culturas; diferenças sutis em como as questões são feitas podem mudar as atribuições que você faz e a maioria das pessoas comete o EFA de maneiras diferentes quando pensam sobre si mesmas *versus* os outros.

Experimentando diferenças por todo o mundo

Países como os EUA e a maior parte da Europa têm o que os psicólogos chamam de culturas *individualistas*. Essas pessoas têm uma forte tendência a cometer o EFA — foi onde o efeito foi observado pela primeira vez. Mas os pesquisadores descobriram que as pessoas de culturas *coletivistas*, como a China e o Japão, têm uma tendência reduzida de cometer o EFA. Elas tendem mais a fazer atribuições situacionais para o comportamento das outras pessoas.

Além disso, Richard Nisbett descobriu com seu experimento da lasca de madeira (veja a seção anterior "Pegando o caminho mais simples para explicar o comportamento") que as pessoas de culturas coletivistas descrevem mais facilmente o comportamento de uma lasca de madeira em uma corrente barulhenta em termos da interação entre as correntes de água, rochas e a própria lasca. Elas têm uma tendência mais ampla de buscar explicações que não foquem as entidades individuais e suas disposições. Uma explicação é que as pessoas de culturas diferentes têm perspectivas diferentes do comportamento das pessoas, como apresentamos a seguir.

Apreciando o papel da perspectiva

A perspectiva que você tem em uma situação pode mudar as atribuições que faz. Por "perspectiva", queremos dizer perspectiva visual literal, assim como um sentido mais metafórico de pensar sobre o comportamento de alguém em diferentes contextos, com diferente conhecimento das razões por trás de suas ações.

EXPERIMENTE

Imagine que você veja, do outro lado de uma cafeteria, duas pessoas discutindo. A situação não é tão óbvia. Você não sabe o que levou àquele argumento ou quem disse o que para quem. Tudo o que pode ver são dois rostos raivosos. Sem surpresa, você explica o comportamento delas em termos de suas características salientes visíveis: são duas pessoas com muita raiva (ou seja, você faz uma atribuição disposicional).

Mas agora imagine que você esteja nessa situação, tendo uma discussão. Você sabe exatamente o que foi dito no estacionamento antes de entrar no café e como isso levantou uma discussão não resolvida de semanas antes, que esteve guardada desde então. Você sabe que está de dieta hoje, a fome o tem deixado de mau humor, e que seu parceiro pediu deliberadamente um café latte de caramelo sabendo que você não poderia tomar um. Todas essas forças situacionais são altamente salientes para você.

Em contraste, suas disposições não são óbvias. A não ser que esteja sentado ao lado de um espelho, você pode não perceber que está carrancudo olhando para o latte. Você pode não saber que sua voz está mais alta do que o normal. Neste caso, você atribui muito sensivelmente suas ações às forças situacionais que pode experienciar diretamente, ao contrário das disposições.

Os pesquisadores recriaram esse contraste de perspectiva em laboratório. Eles pediram a duas pessoas que tivessem uma discussão e as filmaram com câmeras diferentes. Uma era colocada no canto da sala, filmando ambas as pessoas. A outra era colocada logo acima do ombro de uma das pessoas, filmando da perspectiva dela.

Eles mostraram a filmagem de uma câmera ou outra para os participantes e então pediram que explicassem o comportamento que viram. Se estivessem assistindo do ponto de vista do outro lado da sala, as pessoas faziam atribuições disposicionais EFA normais. Mas quando assistiam à filmagem do ponto de vista de uma pessoa, elas eram mais propensas a atribuir as ações dessa pessoa à situação. Em outras palavras, uma simples mudança na perspectiva visual produziu um viés parecido com o do ator observador, mesmo embora os participantes nunca tivessem falado uns com os outros.

Percebendo o viés do ator observador

Os psicólogos sociais descobriram que as pessoas tendem a cometer o EFA mais sobre outras pessoas do que sobre si mesmas: algo chamado de *viés do ator observador*. Em outras palavras, comparado à frequência que você explica as ações de outras pessoas em termos de suas disposições, você é muito mais propenso a considerar a situação e suas disposições quando pensa sobre si mesmo (e não simplesmente porque está tentando evitar qualquer culpa!). Dado que, em tais casos, você possui mais fatos, talvez essa tendência não seja tão surpreendente.

EXPERIMENTE

As pessoas variam suas respostas quando colocadas em situações morais difíceis. Tente este exercício sobre raciocínio moral e veja com que precisão você consegue prever suas próprias ações. Para cada uma das ações a seguir, por favor, escreva "sim", se você a faria, "não", se você acha que não a faria, e "depende", se você acha que poderia ou não fazê-la, dependendo da situação:

- Emprestar dinheiro de seus pais sem pedir primeiro.
- Como um estudante, usar uma redação de um amigo do ano à frente do seu e que fez a mesma aula.
- Envolver-se romanticamente com alguém que ainda está em outro relacionamento.

» Ler um e-mail que alguém deixou aberto em um computador público.

» Contestar quando outro cliente murmura um comentário racista sobre um membro da equipe.

» Intervir quando você vê um jovem vandalizando alguma propriedade pública.

Agora volte à lista novamente, mas dessa vez responda às perguntas em nome de um amigo próximo. Escreva se você acha que "sim", essa pessoa faria isso, ou "não" ou "depende".

Você pode ou não achar que é mais honesto e honrado que seus amigos (poderia apostar que sim, dadas as ilusões positivas que você abriga em relação a si mesmo, como visto no Capítulo 8). Mas aqui não estamos tão interessados nas escolhas morais que você fez, sequer se você as fez em termos da situação (e respondeu "depende") ou suas disposições.

Para analisar seus dados, conte o número de respostas "depende" que você deu para si mesmo e para seu amigo. Se você for como a maioria das pessoas que executam essa tarefa, você tem mais respostas "depende" para si mesmo.

Este resultado mostra que quando pensa sobre suas próprias ações, você é muito mais propenso a levar a situação mais em conta e menos propenso a apenas pensar em termos de suas disposições.

Aqui está outro exemplo: pesquisadores perguntaram a alunos norte-americanos o que fez com que seus melhores amigos escolhessem o curso na universidade. Os alunos normalmente deram atribuições disposicionais, tais como "Eles querem ganhar muito dinheiro depois que se formarem". Quando perguntaram aos alunos por que escolheram seus próprios cursos, os alunos ainda nomearam algumas atribuições disposicionais, mas comparado ao pensamento sobre seus amigos, eles eram mais propensos a nomear fatores situacionais como "A engenharia é um campo com altos salários", ou "Meus pais queriam muito que eu estudasse isso".

Assim como o exercício anterior sobre tomadas de decisão morais, quando eles estão pensando sobre outras pessoas, os alunos focam disposições, mas quando pensam sobre suas próprias ações, focam a situação.

DICA

As pessoas muitas vezes ficam confusas sobre o erro fundamental de atribuição e o viés do ator observador. Elas tentam dar evidência experimental para uma teoria em suporte de outra, ou acham que uma é o oposto da outra. A maneira mais simples de pensar em seu relacionamento é que o EFA é um erro que você comete raciocinando sobre *outras pessoas*, e o viés do ator observador é uma diferença em como você pensa sobre você mesmo comparado a outras pessoas. Mais precisamente, o EFA é o erro de atribuir o comportamento a uma disposição, em vez de a uma situação; o viés do ator observador diz que as pessoas são mais propensas a cometer o EFA quando pensam sobre outras pessoas em comparação a si mesmas.

NESTE CAPÍTULO

Capítulo 10

Fazendo Julgamentos sobre Outras Pessoas: Tendência e Preconceito

Os seres humanos julgam uns aos outros o tempo todo. As pessoas na televisão, os companheiros viajantes no trem e os transeuntes: você provavelmente forma impressões e avaliações de todos eles durante seu dia. Você pode fazer esses julgamentos com base em pouquíssima informação, como mostraremos, porque você recorre ao seu rico conhecimento e experiência de conhecer pessoas no passado. Em outras palavras, você usa estereótipos sociais para fazer julgamentos sobre como alguém de terno e gravata pode ser diferente de alguém com tatuagens e uma jaqueta de couro. Seus julgamentos e preconcepções também podem ser influenciados de maneiras notavelmente sutis.

Imagine que você está assistindo a uma palestra. O coordenador do evento introduz o orador principal da seguinte maneira: "Permitam-me apresentar a vocês o orador de hoje. As pessoas que o conhecem o consideram uma pessoa muito atenciosa, trabalhadora, crítica, prática e determinada." Você escuta a palestra e depois alguém lhe pede para avaliar o orador pessoal e profissionalmente.

Quando Harold Kelley fez um experimento como este na década de 1950 com estudantes universitários, ele descobriu uma palavra que tinha um efeito particularmente poderoso em seus julgamentos sociais. Se a palavra "atenciosa" fosse substituída por "fria", o orador era visto como menos amigável e acessível, mais irritável e autocentrado. Embora tenha sido apenas uma palavra entre centenas faladas ao longo de uma hora, ela teve um forte impacto nos julgamentos que as pessoas fizeram.

Quando "atenciosa" e "fria" foram ditas anteriormente, elas *enquadraram* as percepções que os ouvintes tiveram do orador a partir daquele ponto. (Assim como o mesmo exato movimento da boca, por exemplo, pode ser visto como um sorriso amigável ou um sorriso afetado superior, dependendo do enquadramento inicial.) Tendo ouvido uma descrição de um palestrante como "frio", os ouvintes imaginaram um acadêmico estereotipicamente indiferente vivendo em uma torre de marfim. Daí em diante, os ouvintes notaram aspectos em seu comportamento que combinavam com esse estereótipo e ignoraram aqueles que não combinavam.

Neste capítulo, exploramos algumas coisas notáveis sobre os julgamentos que as pessoas fazem umas das outras, incluindo a natureza, a formação e os papéis de estereótipos e preconceitos. Revelamos que os julgamentos sociais que você faz são determinados tanto pelo que já está na sua cabeça quanto pelo que está em frente aos seus olhos.

LEMBRE-SE

Os experimentos e as teorias que descrevo neste capítulo são parte da *abordagem cognitiva* de entender estereótipos sociais, preconceito e diferenças de grupos, o que enfatiza como a informação social é aprendida e organizada em conceitos. (Esta abordagem não é a única maneira de examinar esses assuntos, e no Capítulo 16 falamos sobre as abordagens motivacional e econômica.) A abordagem cognitiva revela as muitas maneiras que os estereótipos têm de se perpetuar na sociedade. Esse insight faz tudo isso ficar mais importante, e mais difícil de entender, quando generalizações úteis são inseridas no preconceito.

Começando pelos Estereótipos e Espiando o Preconceito

Um estereótipo é normalmente uma coisa ruim. O policial durão e alcoólatra que não segue as regras é repreendido por seu chefe e sua mulher pede o divórcio, mas ele sempre pega os bandidos: isso é um estereótipo, e uma redação ruim. Nem todos os policiais são assim. Ou, se alguém lhe diz: "Este é meu novo namorado, ele é um corretor", e você olha esperando conhecer um homem grosseiro com cabelo grudento e suspensórios vermelhos, que não para de se gabar de seu novo Porsche e sua admiração por políticos de direita: isso é um estereótipo, e é uma crítica. Nem todos os corretores são assim. Por exemplo, um dia conheci um corretor que usava suspensórios pretos!

Nesta seção, discutimos os dois lados dos estereótipos, suas utilidades e seus perigos. Os estereótipos podem ser muito úteis, já que são uma forma de atalho mental, permitindo-nos fazer suposições precisas e eficientes. Se você supõe que uma menina de quatro anos com quem está falando não sabe ler, por exemplo, isso é um estereótipo. Você pode não estar certo, mas existe uma chance muito boa de estar, e se você faz essas suposições, não perderá tempo perguntando a ela quais são seus romances preferidos. Você talvez também suponha que, já que ela é uma menina, não gosta de brincar com Lego. Isso é novamente um estereótipo que pode não ser nem um pouco verdadeiro. O perigo aqui é que apenas oferecendo-lhe bonecas para brincar, em vez de brinquedos de construção, você está mandando sinais sobre atividades que meninas podem e não podem fazer. Por exemplo, a empresa Lego finalmente, devido a pedidos de muitos, apenas em 2014, lançou uma bonequinha feminina que era uma cientista.

Admitindo que estereótipos são apenas categorias

Quando as pessoas falam de estereótipos, elas normalmente acusam alguém de ser preconceituoso de alguma maneira. Se supõe que uma mulher é ruim fazendo baliza ou que um homem não consegue fazer duas coisas ao mesmo tempo, você está recorrendo a um estereótipo e aplicando-o de uma maneira preconceituosa. Se você supõe que todas as pessoas negras são boas em esportes e todos os asiáticos são estudiosos, está novamente recorrendo a estereótipos e fazendo suposições racistas.

CAÇADOR DE MITOS

Mas os estereótipos em si não são coisas ruins. Na verdade, eles são uma parte vital de como seu cérebro entende o mundo. Os estereótipos são simplesmente categorias e conceitos de diferentes tipos de pessoas. A partir do nascimento, você percebe o mundo em termos de conceitos. Perceber é categorizar, e as pessoas são organizadores inveterados.

Quando um bebê vê uma criatura peluda de quatro patas e escuta um latido, essas duas percepções são associadas. Quando ele vir a coisa peluda com quatro patas novamente, provavelmente esperará ouvir novamente um latido. Embora possa levar alguns meses ainda para que aprenda a palavra, o bebê está formando lentamente o conceito de um "cachorro", e logo ele preencherá esse conceito com todos os tipos de conhecimento e experiências sobre cachorros.

Essa avaliação é uma coisa muito inteligente para um bebê fazer, porque quando ele encontra uma nova coisa peluda de quatro patas pode *aplicar* esse conceito. Então, mesmo que nunca tenha conhecido esse animal em particular antes, ele já sabe que talvez lata, lamba seu rosto e provavelmente busque um brinquedo que o bebê arremessar.

Sua suposição conceitual — ou estereotípica — sobre cachorros é uma parte vital do seu entendimento do mundo. Elas podem não ser verdadeiras para todos os cachorros que o bebê conheça: alguns não latem e alguns olham para uma vareta com desdém. Mas as suposições são verdadeiras para cachorros suficientes para que o estereótipo seja útil.

LEMBRE-SE

O ponto-chave sobre conceitos e estereótipos é que eles são cognitivamente úteis. Você pode pensar que um mundo sem estereótipos seria um lugar maravilhoso, igualitário e tolerante. Verdade, não existiriam racismo ou sexismo, mas as pessoas também gastariam muito tempo conhecendo todo mundo como indivíduo. Imagine ter que perguntar a uma criança de dez anos se ela é casada ou verificar se um adulto trabalhando em um balcão de livraria sabe ler. Às vezes, fazer suposições é conveniente e útil, e é isso que são os estereótipos.

Entendendo que a categorização pode se tornar um preconceito

Em algum ponto, as generalizações úteis dos estereótipos podem virar preconceito. Quando exatamente algo muda de uma generalização útil para um estereótipo (potencialmente ofensivo) é um tema discutido, revisado e polêmico em nossa sociedade. Se você está andando por um beco escuro tarde da noite e um adolescente do sexo masculino com um capuz começa a segui-lo de perto, você pode ficar nervoso e segurar com mais firmeza sua carteira. Você não faria isso se no lugar do adolescente estivesse uma senhora idosa, talvez. Isso parece uma distinção razoável. Você está recorrendo ao seu conhecimento estereotipado de que senhoras idosas raramente são assaltantes. Você está jogando com as probabilidades, por assim dizer.

Mas e se você segurar sua carteira ainda mais forte se o adolescente for negro? Agora essa reação parece racista. Mas muitos policiais em todo o mundo param e revistam jovens de minorias étnicas e usam o mesmo argumento como justificativa: as estatísticas, eles dizem, sugerem que pessoas desses grupos são mais propensas a cometer crimes, e então eles estão simplesmente jogando com as probabilidades.

Aqui está outro exemplo. Meu supermercado local divide os brinquedos infantis em uma prateleira para meninos e uma para meninas. Como você tem um conhecimento rico sobre estereótipos de meninos e meninas, provavelmente pode imaginar que a prateleira dos meninos é cheia de armas e equipamentos esportivos e a das meninas é uma mancha cor-de-rosa e brilhante de bonecas, brinquedos de vestir e animais fofinhos com olhos grandes.

Quando eu fazia compras para meus gêmeos de seis anos, ficava incomodado quando via que o kit de cozinha que eu queria para o meu filho estava na prateleira "das meninas" e que o kit de ciências que eu queria para a minha filha estava na prateleira "dos meninos". Eu mandei um e-mail para o supermercado e disse que isso era descaradamente sexista. Quem é que pode falar que meninas devem cozinhar e que apenas meninos podem ser cientistas?

O supermercado respondeu que isso não é ser nem um pouco sexista; só estão tentando ajudar os consumidores. A maioria dos meninos gosta de armas e brinquedos de ação, e a maioria das meninas gosta de bonecas e brinquedos de faz de conta, eles afirmam. Então, dividir os brinquedos dessa maneira faz sentido.

Na realidade, isso frisa que estereótipos são coisas úteis, que refletem a maneira que o mundo é. Assim como a maioria (mas nem todos) dos cachorros morde, a maioria (mas nem todas) das meninas gosta de bonecas e brinquedos cor-de-rosa.

LEMBRE-SE

Mas o supermercado que classifica os brinquedos por gênero e os policiais que param e revistam com base na etnia estão perdendo um ponto importante. Os cachorros não ligam muito para o seu conceito do que é um "cachorro", mas as pessoas são muito sensíveis a como são categorizadas. Parar e revistar pessoas com base em sua etnia induz a um clima de medo e desconfiança; e se você classifica brinquedos por gênero, é claro que as meninas vão preferir bonecas, porque é o único tipo de brinquedo que dão para elas brincarem. Em vez de refletir passivamente uma realidade existente sobre o mundo, tais práticas estão ativamente criando uma.

Criando e Sustentando Estereótipos

Um estereótipo é simplesmente um conceito sobre um tipo de pessoa. Aqui estão apenas algumas das muitas características nas quais as pessoas baseiam os estereótipos:

- **Aparência:** Por exemplo, loiras são burras.
- **Gênero:** Por exemplo, homens amam futebol e mulheres, novelas.
- **Profissões:** Por exemplo, advogados são gananciosos.
- **Nacionalidade:** Por exemplo, ingleses são esnobes.

Se os seres humanos são bons em uma coisa é em categorizar pessoas e fazer suposições sobre elas. Se você e um amigo descrevem um jogador de futebol profissional, um pianista clássico, uma dona de casa italiana ou um lenhador canadense estereotipicamente, aposto que vocês mencionam, pelo menos, 80% dos mesmos atributos.

Nesta seção, descrevemos de onde vem toda essa informação rica e detalhada, por que certas pessoas compartilham dos mesmos estereótipos e como as pessoas mantêm um estereótipo mesmo quando ele é confundido pela realidade (como conhecer uma lenhadora canadense do sexo feminino que não combina com o estereótipo). Quebraremos alguns mitos populares no decorrer do caminho.

Seguindo o caminho dos estereótipos de volta à sua fonte

Alguns especialistas dizem que os seres humanos aprendem estereótipos ao observar cuidadosamente o mundo. As pessoas notam padrões no mundo social à sua volta: adolescentes são frequentemente mal-humorados, pessoas mais velhas são mais conservadoras, jogadores de golf são ricos e vegetarianos são normalmente politicamente liberais. Como discutimos no Capítulo 5, seu cérebro é como uma esponja que absorve esses tipos de associações.

CAÇADOR DE MITOS

Mas embora os estereótipos sejam feitos parcialmente de tudo que as pessoas notam e experienciam, isso não é, de modo algum, toda a história. Estereótipos consistem de mais do que observações objetivas. Infelizmente, embora as pessoas sejam muito boas em notar padrões no mundo social, elas também são altamente adeptas de ver coisas que não estão lá. Queremos dizer que pessoas tomam conclusões precipitadas, veem correlações inexistentes e ignoram evidências que contradizem suas crenças.

Além das coisas que você vê, ou acha que vê, no mundo real ao redor, você também obtém informações sociais do mundo imaginário por meio de livros, da televisão e de filmes. Por exemplo, poucas pessoas tiveram contato extensivo com a polícia, como investigadores de cenas de crimes ou psicólogos criminais. Mas graças aos programas de televisão que entopem os canais, eu aposto que você tem um conjunto rico de estereótipos sobre os tipos de pessoas que fazem esses trabalhos.

Revelando vieses em julgamentos sociais

Muitas pessoas estão convencidas de que existem diferenças físicas sólidas entre o cérebro feminino e o masculino, e que esta diferença explica e justifica os diferentes tipos de trabalhos e responsabilidades que homens e mulheres tendem a ter em nossa sociedade.

Recentemente, um artigo foi publicado, afirmando que o cérebro das mulheres e dos homens são diferentes. Os neurocientistas observaram as conexões entre diferentes áreas do cérebro. Eles afirmaram que o cérebro das mulheres têm mais interconexões entre as áreas e é por isso que as mulheres são melhores em fazer várias tarefas ao mesmo tempo e em pensamento holístico (ou seja, levar todos os aspectos em consideração). Em contraste, a afirmação segue, o cérebro masculino é menos interconectado, o que significa que os homens são melhores em focar tarefas únicas, como raciocínio espacial e lógico. Os pesquisadores concluíram, nos muitos artigos de jornal sobre seu trabalho, que a diferença entre o pensamento dos homens e das mulheres é configurada no cérebro.

CAÇADOR DE MITOS

Só que não é bem assim, e muitos outros neurocientistas estão chocados com essas afirmações. Muito importante é ressaltar que, além de digitalizar os cérebros, os pesquisadores deram aos participantes muitos testes diferentes de raciocínio espacial, processamento emocional, multitarefas, e assim por diante. Eles não encontraram diferenças entre os sexos na maioria desses testes, e nos que encontraram uma diferença, ela era muito pequena. Claro, eles não mencionam esse fato nas entrevistas com a mídia, em vez disso falam sobre as "diferenças bem conhecidas" entre como homens e mulheres pensam.

A coisa notável foi a rapidez com que a mídia aceitou e proclamou as afirmações dos pesquisadores. Não porque os dados fossem tão fortes (na verdade, existem muitas boas razões para duvidar deles), mas porque as conclusões eram vendidas como suporte para os estereótipos existentes que as pessoas têm de homens e mulheres.

O MEU É MAIOR QUE O SEU

Muitos problemas e limitações se aplicam à técnica que os pesquisadores usaram para examinar as conexões no cérebro de homens e mulheres. Além disso, as diferenças eram realmente muito pequenas; muito, muito menores que a diferença da média de altura entre os sexos, por exemplo. Realmente, a pequeníssima diferença em conectividade é provavelmente devida principalmente ao fato de que homens são simplesmente um pouco maiores que as mulheres, não que o cérebro deles seja fundamentalmente conectado de uma maneira diferente.

DICA

Na verdade, o artigo é muito pobre em evidências para a diferença de pensamento entre gêneros, mas excelente para vieses em julgamentos sociais.

Provando o que você já sabe: Viés de confirmação

LEMBRE-SE

As pessoas prestam atenção a informações que apoiam suas crenças e ignoram informações que as contradizem. Este *viés de confirmação* alimenta o hábito de estereotipar pessoas. Como os estereótipos guiam a percepção e fazem com que as pessoas rotulem aqueles que conhecem, os estereótipos têm uma natureza autoperpetuadora e podem ser extremamente resistentes à mudança.

Imagine que você tenha o estereótipo de que homens gays são exibidos e afeminados. Cada vez que você conhece um homem que é muito exagerado, ou vê um na televisão, você pensa: "Aí está mais um". Da sua perspectiva, você têm várias evidências positivas para essa generalização e seu estereótipo é comprovado repetidamente.

Mas você não presta atenção a todos os homens gays que *não são* exibidos e afeminados. De acordo com seu estereótipo, você simplesmente presume que esses homens são héteros. Como seu estereótipo guia e rotula sua percepção, você encontra confirmação dele por todo lado e fica cego a evidências conflitantes.

Chegando a conclusões erradas: Correlações ilusórias

As pessoas e os eventos que são incomuns tendem a atrair sua atenção e grudar na sua memória melhor que o cotidiano ou o comum. A memória e a percepção funcionam assim. Esse viés tem consequências para a percepção social: significa que as pessoas são mais propensas a notar a etnia de outras, por exemplo, quando são membro de um grupo minoritário, e mais propensas a notar seu comportamento quando é incomum.

Por exemplo, digamos que você esteja em um pub e vê um torcedor de futebol croata começando uma briga. Você não conheceu muitos croatas antes, e o evento é incomum, então você faz uma observação. Como você coloca uma ênfase nesses dois fatos, você é mais propenso a ver uma *correlação ilusória* (uma conexão ou relacionamento falso) entre eles. Como resultado, você chega à conclusão de que torcedores de futebol croatas são pessoas muito agressivas.

LEMBRE-SE

Sua conclusão é errada, porque você não nota as circunstâncias mais comuns em que a briga começa em um pub e o agressor é um inglês. Além disso, você não vê todas as vezes que torcedores de futebol croatas cuidam de suas coisas alegremente sem incomodar ninguém. Esse tipo de correlação ilusória pode entrincheirar estereótipos preexistentes ou levar gradualmente à formação de estereótipos completamente novos com o passar do tempo.

Fazendo suas previsões se tornarem realidade: Profecias autorrealizáveis

Quando você tem certa crença, age de acordo com ela e sua crença é realmente confirmada, isso é chamado de *profecia de autorrealização*, que é outro viés comportamental que ajuda a perpetuar estereótipos.

EXPERIMENTE

Imagine que sua única experiência em relação a ingleses venha de *Downton Abbey* ou algum outro drama televisivo do período aristocrático. Você pode muito bem ter o estereótipo de que os ingleses são muito formais e refinados. Mas então você é apresentado a uma pessoa inglesa pela primeira vez. Recorrendo ao seu conhecimento de *Downton Abbey*, você fica ereto para mostrar respeito e diz o cumprimento mais ornado que consegue expressar: "Um bom dia para você, senhor; estou encantado em conhecê-lo". O inglês — provavelmente bem assustado — resmunga de volta uma resposta cortês e educada, e fazendo isso age exatamente conforme o seu estereótipo.

De maneira similar, se você tem o estereótipo de que os norte-americanos são amigáveis e relaxados, você tende a sorrir mais quando conhece um deles. Eles sorriem de volta e o seu estereótipo é confirmado. Se um professor tem o estereótipo de que meninas são ruins em matemática, ele pode ser menos propenso a chamá-las para responder em sala de aula e é menos provável que as incentive com tarefas mais difíceis. Depois de vários períodos com esse tratamento, sem surpresa, algumas meninas ficam para trás dos meninos em suas realizações, confirmando assim o estereótipo.

Observando os Estereótipos em Ação

As pessoas têm todos os tipos de ideias estranhas e incorretas sobre o mundo. Eu conheci uma vez alguém que pensava que os novos filmes da saga *Star Wars* eram melhores que os originais: louco, claramente errado; mas, na realidade, não tão importante assim.

A significância e o poder dos estereótipos, entretanto, são que eles podem ser diretamente moldados ao comportamento entre duas pessoas. Se eu formo um estereótipo sobre você, isso afeta como eu ajo em relação a você, como você responde e os julgamentos que fazemos um sobre o outro. Nesta seção, exploramos como os estereótipos exercem essa influência muito real sobre suas interações sociais.

Apertando o botão "ativar estereótipo"

Você pode ficar surpreso com a rapidez com que um estereótipo pode virar uma ação. No momento em que um estereótipo vem à mente, ele pode influenciar seu comportamento, literalmente em um piscar de olhos. Nos experimentos descritos a seguir, os psicólogos sociais investigaram os estereótipos que participantes norte-americanos brancos têm de norte-americanos negros e suas consequências para o comportamento. Os pesquisadores focaram esses grupos principalmente porque eram o grupo racial majoritário e a maior minoria nos EUA na época (embora recentemente os grupos hispânicos e latinos tenham superado os norte-americanos negros em números). Como discutimos no Capítulo 5, todavia, é geralmente verdadeiro que os estereótipos sobre um grupo específico sejam compartilhados por todos os membros da sociedade, mesmo aqueles aos quais os estereótipos se aplicam. Então, as chances são de que, se esses experimentos fossem feitos com participantes norte-americanos negros, eles teriam mostrado um comportamento similar.

Em um experimento, os pesquisadores exibiram muito rapidamente imagens de rostos negros ou brancos para participantes brancos. O trabalho deles era identificar o mais rápido possível a imagem que vinha depois dos rostos. As descobertas são reveladoras e perturbadoras. Se lhes fossem mostradas apenas imagens de rostos negros, os participantes reconheciam as imagens de armas e equipamentos esportivos mais rapidamente — objetos associados ao estereótipo de norte-americanos negros.

Você deve pensar o quanto é preocupante que os participantes levem alguns milissegundos a menos para reconhecer uma bola de basquete em uma condição: isso é realmente uma evidência de preconceito? Temo que sim, porque em um experimento perturbador, os pesquisadores demonstraram que esses efeitos rápidos de ativação de estereótipo podem ter consequências.

Os participantes jogaram um videogame no qual tinham que pressionar um botão para atirar em pessoas que apareciam apontando uma arma para eles. Contudo, às vezes, a pessoa que aparecia de repente não estava segurando uma arma, apenas um objeto inocente, como um secador de cabelos. Os participantes tinham que tomar decisões muito rápidas de atirar ou não.

Os resultados mostraram que os dedos no gatilho dos participantes eram influenciados pela etnia da pessoa que aparecia em suas miras. Eles eram mais propensos a atirar em uma pessoa negra desarmada que em uma pessoa branca (e mais propensos a não atirar em uma pessoa branca armada). Claramente, em certas situações — como aquelas regularmente encaradas por policiais armados —, a ativação rápida de estereótipos pode ter consequências severas.

Assumindo o controle dos estereótipos: Processos controlados e automáticos

Atitudes têm duas caras, são coisas contraditórias e confusas, como discuto nos Capítulos 4 e 5. As pessoas podem lhe dizer clara e confiantemente que elas não têm preconceito racial, por exemplo, e ainda assim, quando os psicólogos pedem a elas que classifiquem palavras e imagens, elas parecem associar coisas boas com pessoas brancas e ruins com pessoas negras.

LEMBRE-SE

Para entender o que está acontecendo aqui, você precisa distinguir entre atitudes explícitas, as quais se pode afirmar e explicar para as pessoas, e atitudes implícitas, que consistem em associações entre ideias, pessoas e valores. Atitudes implícitas moldam seu comportamento, mesmo que você não esteja ciente delas. Os pesquisadores usaram uma distinção similar para entender como os estereótipos podem influenciar o comportamento de diferentes maneiras em diferentes pessoas.

Quando você conhece alguém, os pesquisadores mostraram que a informação estereotípica é *automaticamente* ativada. Quando você conhece alguém que tem alguma deficiência, é russo ou é um lenhador, seu cérebro ativa imediatamente todos os conceitos e memórias associadas a essas categorias sociais. Muito desse conhecimento afeta os estereótipos ligados a essas pessoas na sociedade. Então, mesmo que você conheça e goste do povo russo, ter uma infância assistindo a filmes do James Bond ativa todos os tipos de estereótipos de supervilões do mal.

Os psicólogos sabem que informações estereotípicas são ativadas automaticamente no seu cérebro porque elas mostram que seu comportamento é sutilmente afetado. Em um experimento, a pesquisadora Patricia Devine comparou participantes que expressaram preconceito em relação a norte-americanos negros com aqueles que não apresentaram visões preconceituosas. Ela mostrou palavras para ambos os grupos de participantes tão rapidamente que eles não conseguiam estar conscientemente cientes de as terem lido. Em uma condição, as palavras eram associadas com o estereótipo de norte-americanos negros. Eles não eram estereótipos negativos simplesmente, e, principalmente, nenhuma das palavras era relacionada à agressão. Em uma tarefa posterior, pedia aos participantes que interpretassem o comportamento do personagem em uma história.

Se eles tivessem sido expostos às palavras associadas a norte-americanos negros, todos os participantes eram mais propensos a dizer que o personagem estava sendo agressivo, porque esse traço também era parte do estereótipo. Lembre-se, as palavras mostradas na tela não diziam absolutamente nada sobre agressão. As associações dos próprios participantes entre norte-americanos negros e agressão foram ativadas automaticamente, e todos eles mostraram o mesmo efeito no mesmo grau, não importa se afirmavam conscientemente visões preconceituosas ou não. Mas, felizmente, mesmo quando um estereótipo é ativado automaticamente, o preconceito nem sempre segue. A mente das pessoas não está totalmente no piloto automático. Elas estão cientes de alguns processos mentais e são perfeitamente capazes de exercer o controle sobre seus pensamentos e comportamentos se escolherem fazê-lo. Depende da pessoa e do controle mental que ela exerce sobre seus próprios pensamentos e comportamentos. Na parte final do experimento de Devine, ela pediu que os participantes descrevessem suas visões de norte-americanos negros. Agora os dois grupos de participantes deram respostas bem diferentes. Aqueles que expressavam visões preconceituosas deram descrições mais estereotipadas e negativas do que os participantes sem preconceito.

LEMBRE-SE

O aspecto interessante é que a primeira parte do experimento prova que ambos os grupos de pessoas tinham a mesma informação estereotipada armazenada em seu cérebro e que o mesmo processo automático podia ativá-la. A diferença entre os grupos é se eles escolhem usar um *processo controlado* para ignorar ativamente esse estereótipo e evitar o preconceito ou simplesmente expressá-lo. Em outras palavras, o preconceito em nosso comportamento é, às vezes, devido a processos automáticos sobre os quais temos pouco controle, e às vezes é devido a processos controlados que podemos influenciar conscientemente se escolhermos fazê-lo.

Essa mistura às vezes contraditória de processos automáticos e controlados foi bem ilustrada em outro experimento. O preconceito explícito dos participantes foi medido por um questionário, e seu preconceito implícito foi medido por um experimento de tempo de reação (como revisamos nos Capítulos 4 e 5). Então, eles entrevistaram um candidato negro e um branco para um trabalho. Os pesquisadores assistiram a esses vídeos posteriormente e codificaram o quanto os participantes pareciam amigáveis.

Não é de surpreender que as pessoas que relataram visões preconceituosas negativas explicitamente em relação a pessoas negras foram classificadas como sendo menos amigáveis em relação a elas na entrevista. Mas, então, os pesquisadores classificaram o grau de amigabilidade dos vídeos novamente. Dessa vez, eles desligaram o som, então a amigabilidade só poderia ser julgada pelas dicas sutis implícitas de linguagem corporal e expressões. Agora, o quanto os participantes pareciam amigáveis parecia combinar com suas pontuações de reação de tempo nas medidas do preconceito implícito.

Quando eles estavam sentados e conversando com candidatos negros, o comportamento dos participantes estava sendo empurrado por duas forças diferentes. Por um lado, duas atitudes explícitas controladas em relação a pessoas negras determinavam como eles falavam com elas. Mas, por outro lado, sem sua consciência, as associações implícitas dos participantes estavam fazendo com que sua linguagem corporal fosse ou não amigável.

Enganando-se

As outras pessoas não são as únicas que podem ser prejudicadas pelas suas visões estereotipadas. Como afirmamos no Capítulo 7, você é propenso a ter uma performance pior em um teste se tiver uma visão estereotipada que pessoas como você não devem ir bem em certas coisas. Mulheres recebem notas menores em testes de matemática se seu estereótipo de mulher for ativado por alguma coisa tão inocente quanto uma caixa na frente do caderno de prova que indique seu gênero.

CAÇADOR DE MITOS

Perversamente, o conhecimento de seus próprios estereótipos pode levar a um tipo de ignorância sobre si mesmo e sobre os outros. Por exemplo, o estereótipo de um aluno universitário é o de uma pessoa cambaleando entre o bar, a biblioteca e o pub, ocasionalmente arrastando a si mesmo, de ressaca, para as aulas. Mas os pesquisadores descobriram que a presença deste estereótipo previne que os alunos percebam que, na realidade, a maioria de seus amigos *não* gosta de beber tanto assim.

Aqui está o porquê. Quando começam a universidade, muitos alunos estão desesperados para se enturmar e sentir que fazem parte daquilo. O estereótipo é o de que os alunos adoram bebidas e então eles dizem uns aos outros o quanto gostam de beber e ficar bêbados, porque isso é um sinal de que fazem parte daquilo. Os pesquisadores chamam esse estado de *ignorância pluralística*. Particularmente você pode ter uma opinião, mas como você faz parte de um grupo que estereotipicamente tem a visão oposta, em público você segue o estereótipo.

Superando o Viés e o Preconceito

Estereótipos e preconceitos nunca sumirão: eles simplesmente são parte da maneira que a mente dos seres humanos percebe e organiza o mundo social. Até mesmo sem diferença nenhuma entre etnias e gêneros e aqueles com cabelos loiros ou negros, a maneira tendenciosa das pessoas de categorizar uns aos outros e notar o comportamento ainda geraria e perpetuaria todos os tipos de conclusões erradas e novos estereótipos.

A boa notícia, entretanto, é que formas específicas de preconceito são passíveis de mudança. A troca em atitudes públicas em relação aos casamentos do mesmo sexo nos últimos anos, por exemplo, surpreendeu muitos ativistas em prol da igualdade.

Pesquisadores acreditavam na *hipótese de contato*, a ideia de que se as pessoas conhecessem outras de categorias sociais diferentes elas veriam que seus estereótipos são infundados. Infelizmente, as coisas não são tão simples. Por todo o mundo, comunidades vivem lado a lado mas ainda mantêm visões extremamente preconceituosas umas sobre as outras.

LEMBRE-SE

Pesquisas mais recentes mostram que a chave para reduzir o preconceito e a desconfiança é a reunião das pessoas em pé de igualdade, com status sociais equivalentes, enquanto têm uma forma de objetivo cooperativo compartilhado.

Por exemplo, uma maneira de reduzir o preconceito racial em um *campus* é colocar alunos universitários vindos de diferentes experiências raciais como colegas de quarto. Como novos alunos, eles são iguais em seu status social e ambos estão engajados no mesmo objetivo de encontrar seu caminho na universidade. Se tudo isso falhar, eles podem, pelo menos, ir ao pub juntos, como todos os estudantes estereotipados.

4

Compreen-dendo a Influência Social

NESTA PARTE . . .

Entenda a importância da situação em influenciar o comportamento de um indivíduo ou grupo.

Comece a lidar com as complexidades da obediência e com o porquê de as pessoas fazerem o que dizem mesmo quando sentem que é errado.

Compreenda a necessidade humana básica de entrar em conformidade com aqueles à nossa volta.

Conheça as maneiras pelas quais os anunciantes e os outros nos persuadem e influenciam.

NESTE CAPÍTULO

Examinando a influência da situação no comportamento

Perdendo sua identidade sob pressão

Capítulo 11

Apreciando o Poder da Situação

Se você já gostou ou sofreu com um *reality show* como o *Casa dos Artistas* ou *No Limite*, você provavelmente pensou no porquê de tantas pessoas quererem ver atores, políticos ou músicos cometerem atos de revirar o estômago para a câmera, como comer insetos vivos. Os benefícios para a pessoa são claros: tais aparições podem ressuscitar a carreira desbotada de celebridades e satisfazer sua necessidade desesperada por atenção. Mas por que membros do público geral querem ver, digamos, um ator de novela procurar por larvas no interior da Amazônia?

Uma explicação é que nessas situações extremas os espectadores acham que estão recebendo um vislumbre da pessoa *real* por trás do nome famoso. No Capítulo 9, explicamos que as pessoas tendem a cometer um erro fundamental quando explicam as causas do comportamento alheio, culpando atribuições internas (disposicionais — relacionadas só a humor, personalidade e assim por diante) e ignorando a poderosa influência da situação.

Os *reality shows* exploram essa ilusão. Você pode achar que está recebendo um insight da personalidade real da celebridade, mas, na verdade, está vendo cada vez mais do efeito daquela situação e cada vez menos do *self* verdadeiro da celebridade.

Neste capítulo, discutimos o poder notável que uma situação pode exercer para causar o comportamento das pessoas. Como parte deste objetivo, eu observo um dos estudos mais famosos da psicologia social, o experimento da prisão de Stanford, em que forças situacionais pressionaram o comportamento dos participantes para extremos angustiantes.

Discutimos as implicações científicas e éticas do poder da situação, fazendo perguntas sobre até onde esses resultados podem ser aplicados ao comportamento fora do laboratório. Também estendemos a discussão para examinar as visões das pessoas do comportamento violento e se os experimentos de psicologia social podem ajudar a explicar ações que são tão chocantes que as pessoas as rotulam como "más".

Vendo Como uma Situação Influencia o Comportamento

De certo modo, a maioria dos experimentos psicológicos demonstra o poder da situação. Sempre que as condições experimentais dão aos participantes experiências levemente diferentes que produzem resultados comportamentais diferentes, você está vendo a forte influência da situação.

Considere, por exemplo, o experimento (do Capítulo 5) no qual as pessoas foram expostas subliminarmente a imagens de rostos e aquelas que viram rostos negros exibiram mais agressão. Isso mostra que uma diferença pequena, imperceptível, em uma tela de computador pode produzir ações que — se visse na rua — você atribuiria a uma natureza raivosa e hostil.

Nesta seção, mostraremos mais exemplos de experimentos em que psicólogos sociais podem controlar cuidadosamente a situação e demonstrar seu poder sobre o comportamento das pessoas, desde determinar suas reações ao racismo até quando elas ajudam um estranho na rua.

Balanceando o poder das crenças contra a situação

Eu duvido que você seja racista. Tenho muita confiança de que você tem um conjunto claro de crenças e atitudes sobre raças e que se qualquer um sugerisse que está agindo de maneira racista, você ficaria chocado. Além disso (talvez mais depois que você leu o Capítulo 5, sobre atitudes implícitas), você provavelmente tem um radar bem ligado para identificar o comportamento racista em outras pessoas. Quando vê tal racismo ocorrendo, essa disposição sua reagiria muito fortemente, eu imagino. Bem, um experimento recente mostrou que mesmo com uma disposição forte contra o racismo, o comportamento pode ser determinado mais por uma situação social.

EXPERIMENTE

Imagine que você está participando de um experimento psicológico. Ele ainda não começou e o pesquisador o conduz para uma sala de espera, e pede que preencha um questionário. Outro participante na sala está fazendo a mesma coisa.

O pesquisador, que é negro, lhe agradece e, enquanto sai da sala, acidentalmente dá uma cotovelada no outro participante. A porta se fecha. "Preto estúpido", resmunga o participante.

Considere as seguintes perguntas:

- Como você acha que se sentiria nesse momento?
- Qual seria a sua opinião sobre o outro participante?
- Se você recebesse uma escolha mais tarde de trabalhar com ele ou com outra pessoa, quem escolheria?

Meu palpite é que (como outras pessoas que imaginaram este cenário) você ache que se sentiria chocado e chateado ouvindo o uso de um termo racial altamente ofensivo. Você preveria que sua opinião sobre a pessoa despencaria e você preferiria trabalhar com qualquer outra pessoa se tivesse escolha.

Mas esses participantes, e provavelmente você também, estariam bem errados. Eles não teriam os pensamentos e opiniões que previram, eles não se comportariam de maneira alguma como imaginaram. Como eu posso afirmar conhecer melhor do que você a maneira como você pensaria e se comportaria? Graças a um experimento muito inteligente e surpreendente.

Os pesquisadores pegaram dois grupos de participantes norte-americanos brancos em Nova York e pediram a um grupo para imaginar como eles agiriam nesse cenário, como você acabou de fazer. Então, eles pegaram o segundo grupo de participantes e o colocaram na exata situação. Eles mediram como as pessoas se sentiram depois do incidente, pediram que classificassem os outros participantes e então receberam mais tarde a escolha de trabalhar com aquele participante ou com outra pessoa. Eles compararam três situações: o outro participante não disse nada depois de levar a cotovelada; disse algo racista; e usou uma palavra extremamente racista.

CAÇADOR DE MITOS

Espantosamente, as pessoas que testemunharam o comportamento racista não pareceram nem um pouco incomodadas com ele. Os outros participantes imaginaram que se sentiriam ultrajados, mas as pessoas na sala não relataram se sentir nem um pouco diferentes. Elas classificaram o outro participante do mesmo jeito como fariam se ele tivesse ficado em silêncio ou tivesse usado insultos racistas pejorativos. Notavelmente, mesmo quando o escutavam usar uma das palavras mais ofensivas da cultura norte-americana, tiveram a mesma propensão a trabalhar com ele mais tarde.

Talvez as pessoas não tenham reagido quando ouviram a observação racista porque certas expectativas e regras implícitas governam o comportamento em situações sociais. Falaremos muito sobre elas no Capítulo 13, mas elas garantem que as pessoas sejam (normalmente) educadas e prestativas umas com as outras. Essas restrições situacionais influenciam o comportamento. Ainda assim, as pessoas têm disposições aparentemente fortes contra o racismo. A maioria das pessoas diz achar o racismo detestável e imagina que reagiria fortemente contra qualquer um usando xingamentos racistas. Mas, na realidade, todas essas disposições são dominadas pelas (aparentemente) fracas restrições situacionais de interagir com outra pessoa.

LEMBRE-SE

Este experimento tem muitas implicações importantes em como as pessoas lidam com o importante problema do racismo na sociedade. Mas aqui eu o utilizo para ilustrar com que poder a situação pode influenciar o comportamento e revelar que mesmo uma disposição forte pode ser sobrecarregada por uma situação fraca.

Interpretando a situação: Intervenção do espectador

Dizer que a situação influencia o comportamento não é, entretanto, a história toda. Como os indivíduos *interpretam* a situação também determina seus comportamentos. Alguns experimentos elegantes mostram que a mesma situação pode ser interpretada de diferentes maneiras, com consequências muito diferentes para o comportamento.

EXPERIMENTE

Imagine que você está no metrô tarde da noite. Do lado oposto ao que você está, um homem velho e sujo desmorona. Você nota que suas juntas estão raladas e em carne viva, presumivelmente devido a uma briga. Aparecendo sob seu casaco está uma garrafa de uísque vazia e você sente vários cheiros desagradáveis. Você nota que ele começou a babar e sua respiração está forçada. Então, o rosto dele fica vermelho e ele começa a ofegar incontrolavelmente. Você faz alguma coisa? Essa é uma emergência médica ou só um bêbado no trem?

Aqui está a pergunta-chave. Quando você estaria mais propenso a ajudar — quando está cercado por outros viajantes ou quando está sozinho com o homem potencialmente bêbado e possivelmente violento em um vagão de trem vazio?

CAÇADOR DE MITOS

Talvez de forma surpreendente, a pesquisa sugere que se muitas pessoas estão presentes quando alguém talvez precise de assistência, isso faz com que seja menos provável que alguém ajude. Quando muitas pessoas estão no vagão, elas veem todo mundo fazendo nada e levam isso como uma indicação de que o velho homem está bem e só bebeu demais. Mas se estiverem sozinhas, elas são muito mais propensas a intervir e oferecer ajuda.

Em uma série de experimentos, os pesquisadores colocaram pessoas em uma situação similarmente ambígua para ver como reagiriam. Os participantes eram conduzidos a uma sala de espera e pedia-se que preenchessem uma enquete antes que o "experimento verdadeiro" começasse (um velho truque dos psicólogos sociais). Os pesquisadores variavam o número de pessoas que estava na sala com o participante. Eles deixavam a pessoa sozinha ou com várias outras também presentes.

Os participantes não notaram de início, mas, enquanto preenchiam a enquete, uma fumaça começou a se infiltrar na sala. Quando eles notaram, como você acha que reagiram? Os participantes que estavam sozinhos na sala agiram pronta e sensivelmente. Eles saíram da sala procurando ajuda, buscaram um alarme de incêndio e geralmente agiram para cuidar da situação potencialmente ameaçadora.

Não foi assim para os participantes rodeados de outras pessoas. Esses outros participantes eram, na realidade, atores que foram instruídos a não fazer nada em resposta à fumaça. Vendo que as outras pessoas não estavam reagindo, os participantes também não faziam nada. Mesmo quando a fumaça enchia a sala — passando do ponto em que eles teriam engasgado se fosse um incêndio real —, eles continuaram calmamente preenchendo seus questionários.

Os participantes deram as razões de terem permanecido sentados, apesar dos claros indícios de que o prédio estava em chamas. Eles disseram que presumiram que a causa era uma unidade de ar-condicionado quebrada, por exemplo. Contudo, esses pensamentos nunca ocorreram às pessoas que estavam sozinhas na sala. Claramente, a presença de outras pessoas mudou como os participantes interpretaram a situação. Como os outros não estavam fazendo nada, eles presumiram que a situação era segura e também não fizeram nada.

LEMBRE-SE

Os pesquisadores chamam isso de tendência de *difusão de responsabilidade*. Em qualquer situação ambígua, em que você não tem certeza do que está acontecendo, você usa as reações das outras pessoas para interpretá-la. Com frequência, o resultado surpreendente é que um grande número de pessoas reduz a chance de qualquer ato individual. O pensamento implícito é: "As coisas devem estar bem, senão, com certeza, alguém já teria feito alguma coisa."

Vestindo a Capa do Anonimato: Desindividualização

Como descrevemos na seção anterior, você pode determinar o poder da situação pela maneira como a interpreta. De forma similar, você determina o poder de suas disposições internas individuais pela maneira como vê a si mesmo. A força, talvez já fraca, de seu humor e personalidade pode ser reduzida ainda mais quando sua identidade é reduzida. Neste caso, o poder da situação cresce — às vezes de forma alarmante.

LEMBRE-SE

A *desindividualização* ocorre quando você remove os sinais que o fazem diferente das outras pessoas e identificável como você mesmo. Uniformes são uma maneira de desindividualizar pessoas, assim como máscaras e óculos escuros espelhados.

Recentemente, Londres foi agitada por protestos e motins conduzidos por pessoas usando máscaras de Guy Fawkes, que se tornou um símbolo do movimento Anonymous. Quando a polícia foi reprimir os motins, alguns policiais supostamente cobriram seus números do emblema com um braço para que não pudessem ser reportados por conduta violenta. Essas ações de policiais e manifestantes mostram que a desindividualização aumenta o poder da situação para determinar o comportamento, muitas vezes com resultados negativos.

Experimentos mostram que quando as pessoas são desindividualizadas, elas agem com menos consideração pelos outros. Por exemplo, foi pedido que os participantes agissem como professores que davam choques elétricos nos alunos quando eles falhavam em memorizar pares de palavras. Eles davam o choque segurando a mão do aluno em um contato elétrico. Esse experimento é uma versão dos realizados por Milgram, que serão discutidos no Capítulo 12, em que os alunos eram atores e não sofreram danos. Mas nesse experimento, executado com participantes que eram enfermeiros, eles seguravam a mão do aluno para baixo com mais força e por mais tempo quando era pedido que usassem um capuz branco de desindividualização.

Brincando de Polícia e Ladrão: O Experimento da Prisão de Stanford

Philip Zimbardo, um psicólogo social da Universidade de Stanford, estava muito interessado em como uma situação social poderia determinar o comportamento de um indivíduo. Ele foi inspirado pelos experimentos como os de Stanley Milgram (veja o Capítulo 12), que descobriram que cidadãos íntegros e levemente educados obedeceriam a um experimento e cometeriam os atos mais horríveis. Zimbardo estava interessado mais especificamente no que havia em certas situações que davam a eles tal poder sobre as pessoas.

Em particular, Zimbardo queria entender o que acontece nas prisões. O que dá aos guardas sua autoridade e autoimportância? O que faz os prisioneiros lhes obedecerem, na maior parte do tempo? Alguns podem dizer que apenas pessoas dominadoras e autoritárias se tornam guardas e apenas pessoas submissas acabam como prisioneiras. Mas Zimbardo queria entender como a situação — os uniformes, os distintivos e os trajes dos prisioneiros — ajudava a produzir esse comportamento.

O resultado surpreendente do experimento de Zimbardo é que "prisioneiros" e "guardas" levaram seus papéis muito a sério. Depois do primeiro dia, os prisioneiros raramente questionavam a autoridade dos guardas e até se referiam a si mesmos por seus números prisionais. Depois que os guardas colocaram seus uniformes e balançaram seus bastões, eles agiram com notável crueldade para manipular e controlar os prisioneiros.

À medida que lê esse relato, pense sobre as seguintes questões:

- » Qual era a diferença entre os prisioneiros intimidados e os guardas cruéis?
- » Qual papel o ato de usar uniformes parece ter tido?
- » O que tornou os participantes submissos e obedientes *versus* dominantes e autoimportantes?
- » Os participantes eram tipos de pessoas diferentes: obedientes ou dominantes por natureza?
- » Algumas personalidades afetaram o comportamento, ou a situação era o fator dominante?
- » Como você e seus amigos teriam se comportado se recebessem os dois papéis aleatoriamente?
- » Você consegue pensar em ocasiões ou situações reais em que os resultados do experimento também surgiriam, mesmo que de maneira menos extrema?
- » O que você acha que produziu comportamentos extremos tão diferentes?

O contexto para o experimento

No verão de 1971, em Palo Alto, Califórnia, um anúncio apareceu no jornal pedindo voluntários do sexo masculino para participar de uma simulação de uma prisão de duas semanas. Este foi o início do experimento da prisão de Stanford, provavelmente o experimento mais famoso (e talvez notório) da psicologia social; como Zimbardo gosta de apontar, é o único experimento psicológico que deu nome a uma banda punk.

Depois de serem extensivamente examinados para a preexistência de qualquer problema de saúde ou psicológico, 18 jovens foram selecionados para participar (além de seis reservas), e foi dito a eles que receberiam US$15 por dia (o equivalente a cerca de US$50 atualmente).

A preparação

Os pesquisadores jogaram uma moeda para decidir quem seria guarda e quem seria prisioneiro. Essa aleatoriedade era a chave. Tendo sido atribuídos aleatoriamente, os participantes foram embora para suas casas.

No dia seguinte, carros e oficiais de polícia de verdade estacionaram em frente às casas dos "prisioneiros". Os policiais executaram todos os procedimentos para uma prisão comum: eles algemaram os prisioneiros, colocaram suas mãos na cabeça enquanto entravam no carro, levaram-nos até a delegacia, tiraram suas digitais e assim por diante. Para os participantes, isso era um pouco como uma brincadeira e todos estavam de bom humor.

Os participantes escolhidos para ser guardas foram apresentados à prisão simulada montada no porão do Departamento de Psicologia da universidade. Era um longo corredor com uma série de pequenos cubículos levando até a lateral. Os pesquisadores disseram aos guardas que seu trabalho era manter a ordem entre os prisioneiros. Eles não podiam usar força física, mas tinham o completo controle sobre a situação dos prisioneiros.

O experimento começa

Zimbardo interpretou o papel de diretor da prisão, e seus assistentes de pesquisa eram os delegados. Os guardas receberam uniformes com bastões de madeira e óculos de sol espelhados. Aos prisioneiros foram dados números e camisolas largas para vestir. Eles eram colocados em trios nas celas e as portas eram trancadas.

Dias um e dois

No primeiro dia, houve uma pequena rebelião entre os prisioneiros. Eles tinham passado o dia inteiro fazendo piadas e os guardas lutaram para afirmar sua autoridade. Quando os guardas pediam que fizessem coisas, eles simplesmente se recusavam. No segundo dia, o espírito grosseiro dos prisioneiros transbordou e eles fizeram uma barricada em uma cela e se recusaram a sair. Os guardas entraram em ação. Eles identificaram os chefes da rebelião e os colocaram em confinamento solitário.

Os guardas espontaneamente decidiram fazer algo muito interessante. Eles estabeleceram uma cela privilegiada com um lavatório, roupas melhores e refeições melhores. Os prisioneiros que cumprissem suas ordens poderiam ficar lá, enquanto os rebeldes eram mandados para a solitária.

Esta abordagem pareceu quebrar a solidariedade entre os prisioneiros e as rebeliões fracassaram. Os guardas aumentaram o uso de punições, fazendo os prisioneiros fazer abdominais e polichinelos. Eles conduziam buscas pessoais e inspeções de quarto. Ir ao banheiro era um privilégio, já que a maioria dos prisioneiros era obrigada a usar um balde em suas celas.

Aparentemente sem instruções explícitas, os guardas tinham atingido uma estratégia que estava transformando os participantes piadistas e felizes em um experimento em prisioneiros obedientes e silenciosos.

Dia três

No terceiro dia, o prisioneiro 8612 reclamou e pediu para deixar o experimento. Zimbardo, agindo como o diretor da prisão, negociou um acordo. Se o prisioneiro 8612 ficasse, então ele poderia ter sua própria cela. Ele concordou, mas mais tarde naquele mesmo dia ele sofreu um estresse emocional, sofrendo um colapso mental. Neste ponto, ele saiu do experimento e foi substituído por outro voluntário.

Um padre, que se oferecera para ajudar os verdadeiros prisioneiros em um sistema penal californiano, visitou a "prisão". Ele foi pego de surpresa quando os "prisioneiros" se apresentaram espontaneamente por seus números prisionais, em vez de seus nomes. Depois de apenas quatro dias, eles haviam assumido esses números como sua identidade.

Dia quatro

Neste dia, o prisioneiro 819 se rebelou. Em contraste com as rebeliões anteriores, ele agiu sozinho. Os guardas puniram todos os prisioneiros por sua desobediência. Então, eles colocaram o 819 na solitária, enquanto conduziam os prisioneiros a cantar: "O prisioneiro 819 fez uma coisa ruim. Por causa do que o prisioneiro 819 fez, minha cela está uma bagunça." Dentro da cela solitária, ouvindo esses cânticos, o 819 chorou histericamente. Ele foi a segunda pessoa removida do experimento.

Novamente, os guardas aumentaram sua repressão contra os prisioneiros. Eles foram colocados para limpar banheiros com suas escovas de dentes e acordados aleatoriamente à noite para fazer abdominais. O prisioneiro 416, em protesto, se recusou a comer. Ele foi jogado em uma cela, e os outros prisioneiros foram ordenados a xingá-lo. Os guardas deram uma escolha aos outros prisioneiros. Se quisessem, podiam deixar o 416 ficar com um de seus cobertores. Ninguém doou a roupa de cama, e o 416 passou a noite tremendo em confinamento solitário.

Antes de começar este experimento, esses prisioneiros provavelmente eram tão úteis e tão amigáveis quanto qualquer outro jovem em Palo Alto. Ainda assim, aqui, alguns dias de experimento da situação de ser um prisioneiro aparentemente os transformaram em um grupo de pessoas completamente sem vontade de ajudar um companheiro tremendo na sala ao lado.

É demais: O experimento termina prematuramente

Os guardas e prisioneiros não eram os únicos que se viram dominados por seus papéis. O próprio Zimbardo, como diretor da prisão, estava passando muito do seu dia lidando com rebeliões e administrando os detentos. Foi só quando um aluno de graduação perguntou sobre o bem-estar dos participantes do experimento que Zimbardo percebeu que ele havia se perdido no caminho e lembrou que aqueles não eram prisioneiros: eles eram voluntários em um experimento. Ele deu um fim ao experimento imediatamente, no dia seis.

Analisando a briga

Você deve estar consternado devido ao fato de o sofrimento humano que descrevi ter ocorrido como parte de um experimento psicológico em uma das melhores universidades norte-americanas.

DICA

Você pode encontrar a filmagem de um documentário do experimento online (`www.prisonexp.org`, conteúdo em inglês). Assista: mas esteja avisado de que é um material angustiante. Eu trabalhei em Stanford e um dia fiz uma curva errada, e acabei no corredor e cubículos onde o experimento foi executado. Tendo assistido ao documentário, pensando nos gritos, eu corri de lá o mais rápido possível, fingindo que estava atrasado para um seminário.

Quando eu digo aos meus alunos sobre o experimento da prisão de Stanford, suas reações são variadas. Alguns ficam ultrajados com o sofrimento dos prisioneiros e horrorizados que Zimbardo tenha tido permissão para executar esse experimento. Outros acham que Zimbardo é um gênio. Muitos têm uma mistura dessas duas visões.

Independentemente dos erros e acertos desse experimento, o fato é que ele aconteceu, e serve como um argumento forte do poder da situação sobre o indivíduo.

LEMBRE-SE

Os participantes nesse experimento foram *atribuídos aleatoriamente*. Em média, não existia nenhuma diferença entre eles em termos de suas personalidades ou disposições. Devido à aleatoriedade de a moeda ter sido jogada, você pode ter certeza de que a única diferença entre essas pessoas era a situação na qual eram colocadas: se recebiam um uniforme de guarda ou uma camisola de prisioneiro. Os comportamentos extremos são um exemplo chocante do poder da situação.

O experimento teve muitas repercussões dentro e fora da psicologia. Dentro da psicologia, ele levou a uma séria reflexão sobre as leis éticas que guiam nossa pesquisa. Ele se mantém o exemplo mais famoso dos extremos do comportamento que pode ser produzido em um experimento.

Fora da psicologia, o experimento da prisão de Stanford desafiou muitas suposições que as pessoas tinham sobre as causas do comportamento de um indivíduo. Existem implicações claras para muitos aspectos da sociedade, desde a maneira com que treinamos a polícia e as forças armadas, passando pela maneira com que rotulamos e encarceramos as pessoas como "criminosos" ou "jovens infratores" e as consequências que a identidade pode causar em um comportamento posterior.

Na época, o experimento da prisão de Stanford alimentou o debate sobre as condições dos presídios em um nível social, mas também teve repercussões em um nível pessoal: um dos participantes do experimento que foi aleatoriamente atribuído a ser um prisioneiro passou o resto de sua vida como um orientador psicológico cuidando do bem-estar de prisioneiros de verdade.

Além disso, eu não tenho evidências diretas, mas um pressentimento muito grande de que o experimento da prisão de Stanford também inspirou muitos formatos de *reality shows*. A BBC recriou todo o experimento para um programa de TV, por exemplo. Mas eu acho que, de maneiras mais sutis, a noção de que você pode ditar uma situação e, portanto, ditar o comportamento se esconde por trás do pensamento de programas como *Big Brother* e *No Limite*.

Analisando o que Torna Alguém Mau

Tirar cara e coroa pode ser o suficiente para transformar uma pessoa em um prisioneiro assustado e submisso e outra em um guarda cruel e arrogante, como vimos na seção anterior. O uso de atribuições aleatórias que colocam as pessoas em uma ou outra condição confirma que essas situações diferentes podem produzir comportamentos extremos.

Nesta seção, discutimos algumas das implicações mais amplas do poder da situação ilustrada pelo experimento da prisão de Stanford. Infelizmente, as situações extremas desse experimento não são, de maneira alguma, confinadas ao laboratório, e, frequentemente, as consequências são muito mais severas. Aqui eu discuto o caso de Lynndie England, que se tornou uma guarda na prisão de Abu Ghraib, no Iraque, e cometeu atos que horrorizaram o mundo.

Na prisão militar em Abu Ghraib, Lynndie England e outros abusaram e torturaram os prisioneiros iraquianos, até mesmo tirando fotos como recordação. Essas imagens foram descobertas e transmitidas por todo o mundo, levando desonra para o exército dos EUA e servindo como uma ferramenta de recrutamento para seus inimigos. England e outros militares envolvidos foram levados a julgamento nos EUA. Coincidentemente, um dos times de defesa recrutou Philip Zimbardo, criador do experimento da prisão de Stanford (veja a seção anterior "Brincando de Polícia e Ladrão: O Experimento da Prisão de Stanford"), como uma testemunha especialista em sua defesa.

A defesa de England foi baseada na noção de que a situação em que ela foi colocada tinha grande contribuição no abuso que cometeu:

- Antes de entrar para a reserva, ela trabalhou em um matadouro de galinhas.
- Ela teve pouco treinamento antes de ser enviada ao Iraque.
- Ao chegar a Abu Ghraib, ela viu os prisioneiros serem abusados para a diversão dos guardas.
- Ela relatou pouca fiscalização das ações dos guardas; os guardas pareciam ter liberdade no trato com os prisioneiros.

Além disso, apesar de não ter evidências críveis para uma conexão entre Osama bin Laden e Saddam Hussein, muitas pessoas, na época, achavam que a guerra iraquiana era uma vingança pelos ataques do 11 de Setembro nos Estados Unidos. Políticos como Donald Rumsfeld e Dick Cheney promoveram essa opinião e apoiaram taticamente a visão de que a tortura era um meio aceitável de interrogatório para suspeitos da Al-Qaeda.

Da perspectiva de Lynndie England, o abuso dos prisioneiros iraquianos estava acontecendo à sua volta e era tolerado por uma cadeia de superiores, que até a encorajavam a ver essas pessoas como sub-humanos e sem direitos. Como resultado, seu argumento era o de que ela estava simplesmente seguindo com o que era esperado dela, algo que é (até, pelo menos, certo grau) apoiado por evidência psicológica. Colocada nessa situação, Lynndie England não estava fazendo nada a não ser seguir o que era esperado dela, assim como os guardas no experimento da prisão de Stanford.

Se a responsabilidade moral se alinhasse perfeitamente com a causalidade psicológica, as coisas seriam muito convenientes. Por exemplo, a sociedade poderia usar dados psicológicos para julgar a responsabilidade moral e fazer leis e similares nas seguintes bases:

- » Se minhas disposições pessoais (meus pensamentos, intenções e crenças) causam minhas ações, eu sou totalmente responsável por elas em um sentido moral e legal.
- » Se a situação causa minhas ações, eu sou menos responsável moralmente por elas.

Mas, pessoalmente, eu não acho que os dois itens se alinhem tão bem assim.

Se o comportamento abusivo de Lynndie England foi causado em grande parte pelo poder psicológico da situação na qual foi colocada, por exemplo, isso não implica necessariamente que ela é menos culpada pelos crimes dos quais é acusada. Em outras palavras, a responsabilidade moral, em seu centro, não é uma questão científica. A ciência pode revelar as *causas* básicas do comportamento, mas isso é difícil de se traduzir em conceitos não científicos como culpa, escolha e responsabilidade. Talvez seja por isso que os advogados ganhem mais do que os psicólogos sociais.

NESTE CAPÍTULO

Obedecendo a outras pessoas

Investigando experimentalmente a obediência

Testando a obediência atualmente

Capítulo 12

Executando Ordens: Obediência

A obediência tem um papel em muitos, desde os menores até os maiores, dramas da história da humanidade, de brigas de família sobre quem limpa o quarto até guerras sem sentido sobre insultos imaginados. A obediência ocorre quando membros menos poderosos de um grupo seguem as ordens de outros simplesmente porque eles têm uma autoridade maior. Essa autoridade pode ser devida à riqueza, idade, descendência de realeza ou eleição democrática. Sem um grau de obediência, as sociedades humanas seriam difíceis de organizar: afinal de contas, alguém tem que tomar as decisões. Se não obedecêssemos aos sinais de trânsito, aos policiais ou aos médicos, a vida seria muito difícil. Mas, ao levar a obediência ao extremo, figuras de autoridade podem exigir que as pessoas realizem atos assassinos e malignos, coisas que indivíduos nunca fariam se fosse por escolha própria. Nesses casos, quem é o culpado? A pessoa com autoridade ou a que está "simplesmente seguindo ordens"?

Neste capítulo, exploramos o que faz as pessoas obedecerem ao extremo: por que elas seguem ordens para matar ou machucar outras, mesmo que essas ordens sejam contra os códigos morais que toda sociedade segue? Examinamos quais fatores influenciam a obediência e como eles são usados atualmente em, digamos, treinamento militar. Revelamos as complexidades envolvidas em pesquisar esse assunto, descrevendo os experimentos influentes sobre obediência de Stanley Milgram, que chocaram a sociedade norte-americana quando foram publicados. Ah, lembre-se de que eu estou no comando aqui, e eu lhe ordeno que continue lendo!

Investigando a Obediência

Obediência é uma forma de influência social, uma maneira com a qual uma pessoa pode afetar o comportamento de outra. Contudo, ela é bem distinta de outras formas de influência social. Pense nos seus dias de escola e todas as formas de influência social estarão em jogo. A conformidade ocorre quando uma pessoa segue as ordens de outra devido a uma ameaça tangível. Quando o valentão da escola pede o seu dinheiro do lanche e você o entrega a ele, isso é conformidade. A conformidade ocorre quando uma pessoa copia as ações de outra para fazer parte de algo ou porque não sabe o que mais fazer (veja o Capítulo 13). Se você tivesse que ter os mesmos tênis que as crianças legais do seu ano, isso é conformidade. A persuasão ocorre quando alguém o convence de que um certo tipo de ação é a coisa certa a se fazer, por exemplo, que jogar um avião de papel no professor de matemática seria hilário.

A obediência é diferente de todas essas formas de influência social. Aqui você obedece a alguém não por causa de uma ameaça imediata, não para fazer parte de um grupo como todo mundo e nem porque você acha que é uma boa ideia. Você obedece só porque a pessoa pedindo tem uma posição de autoridade. Nem todos os professores têm esse senso de autoridade, tenho certeza de que você concorda. Alguns o ameaçariam com detenção; outros tentariam persuadi-lo. Mas alguns professores de que eu consigo me lembrar simplesmente tinham uma aura de poder, e ninguém os questionaria ou pensaria duas vezes quando dessem um comando.

Nesta seção, observamos um famoso experimento em psicologia social que investiga como e por que algumas pessoas obedecem e outras não, bem como quais fatores na situação produzem obediência.

Obedecendo no laboratório: Os experimentos de Milgram

Nesta seção, examinamos a obediência através das lentes de um dos mais famosos experimentos da psicologia social, que foi conduzido por Stanley Milgram. Seus estudos revelaram que com obediência (assim como muito do comportamento humano) a situação tende a ultrapassar as qualidades individuais. Uma figura de autoridade, como um cientista em um jaleco branco, pode persuadir pessoas a realizarem ações extremas que elas nunca suspeitariam ser possível.

Milgram executou muitas versões de seu experimento, cada vez variando cuidadosamente o procedimento e a situação na qual colocava seus participantes. Desta maneira, seus experimentos eram capazes de revelar quais fatores aumentavam e diminuíam a obediência.

Stanley Milgram, um psicólogo social, levantou-se para o desafio de por que as pessoas obedecem a figuras de autoridade para fins extremos. Ele queria saber o que fez milhares de alemães realizarem as atrocidades do Holocausto. Adolf Eichmann e seus semelhantes eram fundamentalmente malignos? E o povo alemão em geral?

CAÇADOR DE MITOS

A conclusão chocante de Milgram foi a de que qualquer cidade média nos Estados Unidos contém uma abundância de pessoas que executariam atos de terror e genocídio, se ordenadas. Mas essa conclusão não é sobre a natureza maligna fundamental da humanidade; é uma afirmação do poder da situação (algo que eu discuto em detalhes no Capítulo 11).

Sendo um professor no experimento de Milgram: O contexto

Milgram pediu voluntários para participar de um experimento de "memória e aprendizado" na Universidade de Yale. Apenas homens eram recrutados, embora experimentos posteriores tenham encontrado pouca diferença com participantes do sexo feminino (ainda assim, em cada caso, a pessoa com autoridade era um homem). Os participantes originais eram homens de várias idades e contextos sociais. Se você tivesse concordado em participar do experimento, aqui está o que teria experienciado.

Você seria cumprimentado por um experimentador em um jaleco de laboratório. Também há outra pessoa presente que também respondeu ao anúncio no jornal. O experimentador explica que vocês participarão de um experimento dos efeitos da punição no aprendizado. Para começar, você recebe um papel por meio de sorteio de tiras de papel em uma sacola. Você recebe o papel de professor, e o outro, de aluno. O aluno receberá um número de pares de palavras (como "médico" e "casa") para lembrar. Seu trabalho é ler a primeira palavra e pedir que o aluno diga a segunda. Se ele não o fizer, você administra um pequeno choque elétrico no aluno.

Seu primeiro trabalho é ajudar a montar o experimento. O aluno senta e você ajuda o experimentador a amarrar suas mãos à cadeira para que toquem os eletrodos. Então você vai para a outra sala e o experimentador lhe mostra uma caixa eletrônica rotulada "Gerador de choque tipo ZLB". É uma fila de 30 interruptores e alguns mostradores e luzes. Sob cada interruptor está o número de volts, de "15" até "450", e as palavras descrevendo esses números, de "choque leve", passando por "choque forte" até "choque de extrema intensidade". A última descrição diz: "Perigo: Choque Severo". Os dois últimos interruptores, de 435 e 450 volts, estão rotulados com tinta vermelha com um aviso "XXX".

O experimentador lhe diz que a cada vez que o aluno errar a resposta, você terá que lhe dar um choque. Com cada choque administrado, você se move pela fila de interruptores, dando-lhe 15 volts a mais que da última vez. Então você entende como são os choques, c experimentador lhe dá um choque de 45 volts. É uma cutucada incômoda — mas é apenas o terceiro interruptor na fila de trinta.

LEMBRE-SE

O experimento de Milgram é uma peça artística de teatro. O aluno é um colega pesquisador atuando em seu papel e a cobaia real do experimento é o professor. Aluno e experimentador seguem um roteiro cuidadosamente ensaiado, com respostas planejadas às ações e questões do professor. O único choque elétrico administrado é o choque de 45 volts dado no participante para "provar" que o aparato é real.

Executando o experimento

Aqui está como o experimento funciona:

1. **O professor decide uma palavra para começar o experimento.**

   O aluno erra a palavra par e o professor pressiona o interruptor para lhe dar um pequeno choque.

   Neste ponto, com uma baixa dose de eletricidade, não há som vindo do aluno.

2. **O professor continua escolhendo as palavras, e o aluno erra cada uma delas.**

   O professor pressiona o interruptor e dá um choque a cada vez. Até agora ele não ouve nada do aluno na sala ao lado além de um leve ruído.

3. **O professor recebe outra resposta errada, pressiona o interruptor para administrar um choque na marca de 75 volts, e ouve o aluno na sala ao lado gemer.**

4. **O professor escuta o aluno reclamar da dor em voz alta no choque de 120 volts.**

5. **O aluno grita "Me tire daqui!" nos 150 volts.**

Ele também grita que tem um problema no coração e exige ir embora.

A esta altura alguns participantes se voltam para o experimentador e perguntam se devem parar. O experimentador responde: "Por favor, continue". Alguns protestam, mas ele diz: "O experimento requer que você continue". A maioria dos participantes chacoalha a cabeça, mas continua a ler a próxima questão.

6. **Os choques aumentam em voltagem, e os gritos do aluno se tornam cada vez mais angustiados.**

Alguns participantes perguntam o quanto esses choques realmente são perigosos. O experimentador diz: "Embora os choques possam ser doloridos, não há danos permanentes, então, por favor, continue."

7. **Em 285 volts (rotulado como "choque forte"), o aluno deixa escapar um grito histérico de agonia.**

A maioria dos professores se vira rapidamente para o experimentador. Ele diz calmamente que o experimento requer que eles continuem.

8. **Depois de uma longa pausa, a maioria das pessoas ia para o próximo interruptor e administrava o próximo choque mais alto.**

Um silêncio terrível emana da sala ao lado. O aluno não dá nenhuma resposta às perguntas, mas isso conta como uma resposta incorreta, e o professor deve continuar administrando os choques. Talvez muitos pensem que o homem — que reclamou da condição cardíaca — esteja inconsciente. "É absolutamente essencial que você continue", diz o experimentador em resposta a qualquer protesto.

9. **Muitos participantes vão ao próximo interruptor, com 300 volts.**

Eles podem ver outros dez interruptores para continuar, até chegar nos 450 volts. O experimentador limpa a garganta: "Você não tem escolha; deve continuar."

DICA

Eu o encorajo a assistir a filmagem do documentário em preto e branco dos participantes nos experimentos de Milgram: está disponível online em `http://www.openculture.com/2013/11/watch-footage-from-the-psychology-experiment-that-shocked-the-world-milgrams-obedience-study-1961.html` (conteúdo em inglês). Você fica com poucas dúvidas de que os participantes acreditam que o aluno esteja com dor de verdade. Os professores estão em angústia genuína e visível sobre o que estão fazendo, e assistir a isso pode ser bem atormentador. Eles protestam, reclamam, se reviram em suas cadeiras e começam a suar de nervoso. Todos eles estão em angústia psicológica, a mesma pela qual você espera quando alguém está causando dor a outro ser humano. Mas, notavelmente, apesar de todo esse estresse pessoal, eles se viram e pressionam o próximo interruptor. Eles não param de obedecer.

Fazendo previsões sobre obediência

EXPERIMENTE

Pergunte a si mesmo o que você faria no lugar do professor. Até onde iria antes de desobedecer ao experimentador? Você provavelmente tem um senso de quantos volts administraria antes de desobedecer ao experimentador, mas antes que eu lhe diga precisamente como os participantes de Milgram responderam, tente também prever você mesmo o comportamento deles. Qual foi a voltagem média, de 15 a 450 volts, na qual as pessoas se recusaram a continuar? Qual porcentagem de pessoas foi até o último interruptor?

O próprio Milgram fez essas perguntas para alunos de graduação da Yale, colegas professores de psicologia e psiquiatras profissionais. Eu sempre pergunto para minhas turmas de graduação também, e os resultados são bem consistentes. As pessoas acham que a maioria dos participantes para em 150 volts (Passo 5 da seção anterior), quando o aluno pede explicitamente para sair do experimento. Elas preveem que cerca de 1% ou menos dos participantes irá até o último interruptor de 450 volts.

CAÇADOR DE MITOS

Mas as pessoas que administram a voltagem mais alta não são exceções. Elas não são sadistas bizarros. Incrivelmente, *a maioria dos participantes administrou o choque mais alto possível ao aluno*. Milgram relatou que 63% dos participantes foram até o último interruptor. Isso significa que 37% das pessoas pararam antes do final, claro. Mas a voltagem média a que as pessoas chegavam antes de parar era de 360 volts. (O aluno com problema cardíaco ficou terrivelmente silencioso nos 300 volts.)

Desses resultados, Milgram chegou à cruel conclusão de que várias pessoas em uma cidade norte-americana comum agiriam da mesma maneira que os torturadores nazistas. Talvez você esteja se perguntando se os participantes realmente acreditaram na enganação de Milgram. Talvez eles tenham visto o sorteio falso que fez do participante o professor e do cúmplice o aluno. Ou talvez, com o julgamento proeminente de Eichmann nos jornais da época, eles acharam que era apenas um experimento de obediência.

Bem, Milgram interrogou seus participantes e excluiu seus dados se eles tivessem adivinhado o que estava acontecendo. Além disso, ele antecipou essa resposta em suas descobertas e convidou outros cientistas a seu laboratório para observar o experimento em ação.

Sugerindo influências no aumento e na diminuição da obediência

Milgram percebeu que seu experimento precisava fazer mais do que mostrar a obediência em ação (veja a seção anterior, "Obedecendo no laboratório: Os experimentos de Milgram"). Para entender o fenômeno, ele precisava separar e controlar os fatores que aumentavam e diminuíam a taxa na qual as pessoas obedeciam ao comando para machucar outras.

Como descrevo nesta seção, Milgram identificou e demonstrou dois fatores em ação.

Sintonizando-se ao aluno

LEMBRE-SE

A obediência diminui quando o professor está psicologicamente próximo ao aluno. Quando o aluno nos experimentos de Milgram fica na sala ao lado e o participante é incapaz de vê-lo e apenas percebe sua presença quando ele bate na parede do cubículo, a obediência está em seu máximo. Mais pessoas dão o choque máximo e administram uma média maior de voltagem de choque.

Quando o participante pode ouvir o que o aluno está dizendo, a obediência se reduz. A obediência cai ainda mais se o participante está sentado ao lado do aluno. Ela está no seu nível mínimo quando estão sentados juntos e o participante tem que pressionar a mão do aluno nos eletrodos para administrar o choque, embora nesta condição cerca de um terço dos participantes ainda obedeça aos comandos do experimentador.

DICA

Você provavelmente pode pensar em como este princípio pode ser estendido a atos de obediência e agressão fora dos experimentos de Milgram. Você acha que seguir uma ordem para matar é mais fácil quando está segurando uma arma a alguns metros de sua vítima ou quando você pressiona um botão e lança um drone que assassina sua vítima a quilômetros de distância? Uma é psicologicamente mais fácil para você, embora elas sejam praticamente a mesma coisa para sua vítima.

Desligar-se do experimentador

LEMBRE-SE

A obediência diminui quando o professor está psicologicamente distante do experimentador. Quando o experimentador dá a ele as instruções iniciais, mas então sai para a sala ao lado e fala por um interfone, a obediência cai dramaticamente. Apenas 20% das pessoas obedecem até o choque mais alto.

O mesmo nível baixo de obediência ocorre quando o experimentador não é um cientista de Yale, mas outro participante entregando as ordens. (Claro, eles não são realmente outro participante, mas estão atuando como aluno.) Mas, neste caso em que a autoridade da pessoa emitindo o comando é reduzida, a obediência também é reduzida.

O nível mais baixo de obediência ocorre quando dois experimentadores estão presentes, mas na metade do experimento eles discordam um do outro. Um contesta o experimento e diz que ele deve acabar; o outro ordena que o participante continue. Nesta condição, nenhum participante administra o choque elétrico mais alto, e a média de choque fica em torno de 150 volts, o ponto no qual o aluno pede para deixar o experimento.

Esses resultados me fazem lembrar dos meus dias na escola. Percebo que, a não ser que você tenha ido para um campo de treinamento militar, seus professores provavelmente não o mandam matar. Mas eles esperam que você os obedeça quando você preferia não fazê-lo. Você provavelmente consegue lembrar que, em uma sala cheia de crianças, as que sentavam nas mesas mais próximas ao professor tendiam a ser as mais propensas a obedecer, e aquelas no fundo da sala não. O que acontecia quando o professor lhes dava ordens rígidas mas então ia até o armário por cinco minutos? Um pandemônio.

Além disso, pense sobre ter um professor substituto no lugar de seu professor regular. Por alguma razão, pelo menos na minha escola, esses professores eram incapazes de manter qualquer tipo de ordem. Parecia que eles não tinham autoridade sobre nós. Pior ainda era um pobre professor substituto que foi repreendido pelo diretor na nossa frente por usar o livro didático errado. Nada do que ele dissesse depois disso nos importava mais.

DICA

Os dados de Milgram mostram que a obediência é uma força notavelmente poderosa, mas também frágil. Quando a distância entre o experimentador e a situação aumentava, sua autoridade diminuía ou era questionada, e as taxas de obediência despencavam. Lembre-se disso se você estiver interessado em promover condições sociais que reduzam a obediência cega à autoridade; ou se você estiver considerando uma carreira como professor.

Teorizando as razões para os níveis de obediência

O que faz as pessoas obedecerem aos comandos do experimentador nos experimentos de Milgram? Como enfatizei, elas não são sádicas que gostam ou são indiferentes ao sofrimento que estão causando, porque as consequências de seus atos são a angústia. Então, por que elas simplesmente não param? Nesta seção, sugerimos, e às vezes dispensamos, possíveis razões.

Sofrer de uma personalidade autoritária

Na época dos experimentos de Milgram, existia a noção de que algumas pessoas eram predispostas a seguir a autoridade — chamada de *personalidades autoritárias*. Pensava-se que essas pessoas, de nascença ou criação, eram facilmente compelidas pelas outras. A sugestão específica era a de uma diferença cultural na Europa: talvez o povo alemão fosse mais propenso a ser autoritário, muitos dos franceses fossem românticos, e os ingleses, incuravelmente tensos.

LEMBRE-SE

Os resultados de Milgram disputam esta teoria. Ele realizou os experimentos nos Estados Unidos, onde a independência e a desconfiança da autoridade são premiadas. O direito de possuir uma arma, por exemplo, está escrito na Constituição, então seus cidadãos podem oferecer resistência armada ao governo. Ainda assim, mesmo lá, Milgram encontrou taxas notáveis de obediência.

Claro, diferenças culturais importantes têm, sim, um impacto e podem ser parte da explicação para as ações dos alemães. A cultura pode ter um papel em legitimar certas fontes de autoridade, mas a ideia de que você pode explicar a obediência em termos de caráter nacional parece muito errada.

Apreciando o papel central da autoridade

A obediência requer uma autoridade legítima. Se a fonte de autoridade está distante, ausente ou é questionada, a obediência despenca (como descrevo na seção anterior, "Sugerindo influências no aumento e na diminuição da obediência"). Milgram também manipulou a natureza da autoridade, realocando o experimento para Bridgeport, uma cidade próxima que era bem menos "respeitável" que o *campus* de Yale. Os participantes foram ao "laboratório", que era uma sala sobre uma vitrine de loja. Essa mudança de local reduziu as taxas de obediência, embora tenham permanecido surpreendentemente altas. O prestígio de Yale parecia apoiar a autoridade dos experimentadores.

Milgram também sugere que a autoridade da ciência em si exerce uma influência sobre os participantes. Foi até dito aos experimentadores para afirmarem que "o experimento exige que você continue", como se os próprios experimentos tivessem pensamentos e necessidades. Se os participantes dissessem que queriam parar, eles estariam, de alguma forma, questionando a autoridade moral e a competência do cientista da prestigiosa Universidade de Yale, que tem um Ph.D. e um jaleco branco e parece muito seguro de si. Quem são eles para questioná-lo?

A autoridade é fortemente ligada à responsabilidade. Quando eles contestavam o experimento, os participantes frequentemente falavam sobre quem seria o responsável por aquele acontecimento. Quem seria o culpado se o aluno sofresse um ataque cardíaco? O experimentador calmamente assegurava aos participantes de que ele era o responsável, e pedia que continuassem.

LEMBRE-SE

Jerry Bulger, que realizou as versões revisadas dos experimentos de Milgram, descobriu que os que desobedeceram ao experimentador foram aqueles que falaram sobre responsabilidade. Esses participantes pareciam decidir, finalmente, que eles seriam responsáveis se o aluno sofresse algum dano, e isso os convencia a resistir à autoridade do experimentador.

Falta de um roteiro

As transcrições do que os participantes diziam durante o experimento revelam algo muito surpreendente.

LEMBRE-SE

Você tem a impressão de que em vez de as pessoas serem levadas a obedecer, elas só são muito ruins em desobedecer? Um termo para essa tendência é a *falta de roteiro*.

A vida das pessoas é moldada por normas e hábitos culturais implícitos não ditos (leia o Capítulo 13, se precisar de persuasão). Existem roteiros para como falar sobre o tempo com um estranho, ou provar um pouquinho de vinho primeiro no restaurante antes de sorrir e assentir ao garçom, ou como falar com um médico, ou reclamar em uma loja. Milgram observou que esses participantes não tinham um roteiro para como desobedecer a um cientista, e então simplesmente não sabiam o que dizer.

As transcrições mostram que os participantes pareciam muito incertos sobre como criticar o cientista. Eles até se desculpavam por isso. Depois de ouvir um homem gritar de agonia, eles diziam coisas como "eu não quero ser rude, mas acho que você deveria dar uma olhada nele". Milgram vê sua timidez como proveniente de uma incerteza sobre como desobedecer à autoridade de alguém.

Esse comportamento pode parecer bem implausível para você. Por que eles só não diziam não e saíam da sala? Mas talvez você consiga se lembrar de um incidente em que você queria agir, mas simplesmente não sabia qual era o roteiro. Por exemplo, você vê um casal discutindo em um restaurante e parece que as coisas podem ficar violentas. Mas como você se intromete em uma conversa de completos estranhos quando não deveria ser da sua conta?

Ou talvez você tenha testemunhado algo acontecendo na escola, algo que você queria parar, mas não o fez. Talvez as crianças populares da sala estivessem provocando alguém cruelmente. Você pensou que elas deveriam parar, mas estava preocupado que, se dissesse alguma coisa, elas se virariam contra você. Eles achariam que você não gostou da piada ou achou que eles não eram engraçados (afinal de contas, nada é tão extremamente hilário quanto causar infelicidade deliberada).

Então, embora seja uma reação compreensível dizer que os participantes do estudo de Milgram devessem apenas ter dito não, lembre-se do quanto pode ser fácil subestimar o poder dessas forças situacionais.

Ordens crescentes

Um pequeno aspecto do projeto experimental de Milgram pode ter muito bem passado por você, mas provavelmente fez toda a diferença no experimento. O que você acha que teria acontecido se a ordem dos interruptores no aparato fosse revertida e os participantes começassem com 450 volts e então *diminuíssem* o choque?

Sua intuição provavelmente está correta: pouquíssimas pessoas teriam administrado o choque máximo de 450 volts no início do experimento. Milgram pensou que a configuração de aumentar gradualmente os choques, começando com apenas 15 volts, era crucial para fazer com que as pessoas obedecessem à ordem final de administrar o nível mais alto de choque.

A realidade é que você tem pouquíssima base para se recusar a dar o choque de 15 volts no aluno quando você aparece para o experimento, aceita o pagamento e experimentou apenas um formigar leve de um choque de 45 volts. Você tem poucas razões para não começar o tratamento de choque.

LEMBRE-SE

Mas, na verdade, em *qualquer* estágio do experimento, o participante parece ter poucas justificativas para se recusar a dar um choque de X volts quando momentos antes ele deu um choque de X menos 15 volts. Em outras palavras, dizer que você tem um princípio de nunca fazer mal a outro ser humano, de resistir à autoridade quando isso contraria sua moralidade pessoal e assim por diante, é tudo muito bom. Mas quando exatamente esses princípios morais abstratos entram em jogo? Aprovar essas ideias é simples, mas dizer que elas se aplicam a 180 volts, e não a 165 volts, é quase impossível. Nenhum ponto claro se aplica a quando as ordens dadas estão realmente erradas.

Imagine que você realmente considere parar em 270 volts, quando um grito de partir o coração vem do aluno. O problema é, se realmente parar agora, você não está só dizendo que dar um choque de 270 volts é errado; você está dizendo que causar danos a outra pessoa é errado. Não existe nada de especial sobre 270 volts que faça isso ser errado, mas 255 é moralmente correto. Então, se está errado a 270 volts, *você estava errado* em dar um choque de 255 volts, 240 volts, 225 volts, e assim por diante. Em outras palavras, dizer que você se recusa a obedecer não só implica em que o experimentador estava errado em lhe ordenar, mas também em que você estava errado em obedecer até aquele ponto.

Admitir que estavam erradas e revisar suas crenças passadas é muito difícil para as pessoas. Como descrito no Capítulo 6, a dissonância cognitiva é produzida sempre que existe um conflito entre as crenças das pessoas (causar danos a outros é errado) e suas ações (eu fui responsável por causar danos a outra pessoa). As pessoas passam por contorções mentais para reduzir ou evitar a dissonância cognitiva.

LEMBRE-SE

Em vez de admitir que causaram danos no passado, as pessoas formam a crença de que o experimentador é totalmente responsável por qualquer dano que aconteça ao aluno. Elas continuam a causar danos ao aluno, em vez de encarar as consequências cognitivas de admitir que já causaram danos.

Isso também é chamado de técnica do pé na porta, discutida no Capítulo 14, sobre persuasão. Você começa com um pedido pequeno e razoável, e quando alguém concorda com ele, você pode mudar para um pedido maior. Enquanto aumenta suas ordens, as pessoas continuam a consentir e a obedecer.

Este princípio se enquadra no caso histórico do nazismo e em muitos outros movimentos como este. É razoável assumir que quase ninguém que votou em Hitler em 1933 estava votando a favor de realizar o Holocausto. O antissemitismo estava presente no início do movimento nazista, claro, mas era apenas parte de uma complexa mistura de motivações, políticas e emoções que Hitler explorou.

Então, a violência contra os judeus cresceu em gravidade e motivação política explícitas. O aumento incremental agiu contra a dissidência. Por que contestar um movimento limitado da população judaica depois que seu direito de cidadania havia sido revogado? Quando eles foram movidos para os guetos, por não apoiar a deportação em grande escala? Como os interruptores na caixa de Milgram, esse aumento gradual do abuso fez com que fosse menos provável que alguém resistisse ao ataque à população judaica.

Pesquisando a Obediência Atualmente

Algumas pessoas acham que os resultados dos experimentos de Milgram (veja "Obedecendo no laboratório: Os experimentos de Milgram", anteriormente neste capítulo) são um reflexo da sociedade norte-americana no início da década de 1960. Todos os participantes viveram durante a Segunda Guerra Mundial e muitos serviram nas forças desse conflito ou em guerras subsequentes. Talvez essas experiências os tenham armado contra o sofrimento dos outros ou enterrou neles a virtude da obediência.

LEMBRE-SE

Confirmar ou negar essa sugestão exigiria que o mesmo experimento fosse executado atualmente, o que é difícil, porque replicar os experimentos de Milgram como ele os fez seria antiético. Mas usando tecnologia e ingenuidade, os psicólogos podem fornecer uma boa indicação de quantas pessoas se rebelariam e quantas obedeceriam atualmente: essa pesquisa mostra que as descobertas de Milgram são igualmente verdadeiras para as pessoas da nossa sociedade.

Esses estudos convincentes mostram como a psicologia pode empregar métodos criativos para estudar a vida social cientificamente.

Estudando a obediência de maneiras éticas

Em 2006, Jerry Bulger realizou uma réplica cuidadosa e parcial dos estudos de Milgram. Ele verificou meticulosamente seus participantes para qualquer problema de saúde mental potencial ou existente que o experimento pudesse agravar. Ele percebeu que o momento-chave no experimento de Milgram era quando o aluno protestava pela primeira vez que queria sair do experimento. Neste ponto, o choque elétrico está abaixo dos 150 volts e o aluno não está dando sinais óbvios de dor ou aflição. Na réplica de Bulger, o experimento é interrompido depois que o aluno diz que quer sair e o participante indica se continuaria os choques no aluno. Nós sabemos, pelos estudos de Milgram, que, se eles continuassem além dos 150 volts, as chances são de que continuariam até os 450 volts.

Com esse projeto, uma comissão de revisão ética aprovou o experimento. Isso permite que os psicólogos ainda estudem se os participantes obedeceriam a uma instrução para machucar, mas salva os participantes do trauma de escutar o aluno torturado. Os resultados de Bulger não são estatisticamente diferentes dos de Milgram. Cerca de 70% das pessoas estavam preparadas para continuar pressionando além dos 150 volts e, nós supomos, teriam administrado o choque mais alto, e o experimento teria continuado.

Outra réplica parcial do estudo de Milgram copiou o procedimento exato, mas o fez em realidade virtual, com um aluno como um avatar gerado por computador. O interessante sobre esse experimento não é só que os pesquisadores replicaram as descobertas de Milgram, mas que os participantes relataram similarmente grande aflição quando obedeceram à ordem de machucar o aluno virtual.

EMBRE-SE

Os seres humanos têm uma forte tendência a obedecer, mas eles também têm um impulso de simpatizar mesmo com um gráfico de computador.

"Todo mundo junto agora!"

A obediência é investigada de várias maneiras diferentes atualmente. Um dos meus experimentos favoritos dos últimos anos estudou o relacionamento entre a maneira que um grupo de pessoas se move junto e sua tendência a obedecer à autoridade.

Um passo de ganso é uma marcha militar que parece levemente boba e que poderia ter sido inventada pelo *Monty Python's Flying Circus*. Ainda assim, se você viu a gravação, tem algo imediatamente assombroso sobre a visão de uma reunião nazista de milhares de soldados fazendo o passo de ganso em uníssono perfeito, além de que todos os exércitos marcham em uníssono de alguma maneira. Um psicólogo chamado Scott Wiltermuth imaginou se mover-se no tempo uns com os outros causava um efeito psicológico nos soldados.

Quando duas pessoas imitam os gestos e a linguagem corporal uma da outra, elas tendem a gostar uma da outra, como mencionaremos no Capítulo 14: seus movimentos sincronizados fortalecem os laços sociais entre elas. Então, se isso acontece entre um par de pessoas, você imaginaria que um grupo inteiro de soldados movendo-se junto seria um grupo de pessoas muito amigável. Bem, nem sempre funciona assim.

Wiltermuth e seus pares pediram aos participantes para dar uma volta no *campus* alguns passos atrás do experimentador. Em uma condição, eles foram informados apenas para segui-lo; na outra, para combinar com seus passos, andando no ritmo com ele. Em outras palavras, eles andavam ou marchavam.

Então, o experimentador pediu que eles ajudassem com um experimento diferente que estudava reações psicológicas a tarefas desagradáveis. A tarefa neste caso era: matar criaturas vivas. Os participantes foram apresentados à "máquina exterminadora", que era, na verdade, um moedor de café modificado. Eles eram então instruídos a colocar o máximo de tatus-bolas (isópodes terrestres) que fosse possível na rampa do moedor em 30 segundos. Depois que os 30 segundos tivessem terminado, o experimentador perguntava se eles pressionariam o botão para ligar as lâminas moedoras.

Existe um pouco de teatro psicológico aqui, porque uma pequena aba na rampa fazia com que cada inseto deslizasse de dentro do moedor para a segurança. Nenhum tatu-bola foi morto durante esses experimentos. Mas os participantes não sabiam disso. Eles realmente pensavam que o barulho de ronco de moer da máquina de extermínio fosse o som dos corpos dos insetos sendo picados. Insetos que eles mesmos haviam colocado lá.

LEMBRE-SE

Os participantes que haviam marchado anteriormente no ritmo do experimentador enviaram cerca de 45% mais insetos para a morte do que os participantes que haviam caminhado em seu próprio passo. Eles eram quase duas vezes mais propensos a pressionar o botão para ligar as lâminas de moeção. Outros experimentos mostraram que esse aumento na obediência e uma vontade de tirar a vida de outras criaturas não aconteciam se eles tivessem feito uma ação de marchar que estivesse fora da sincronia com o experimentador, ou se o experimentador que pediu que eles matassem os insetos não fosse a mesma pessoa com quem eles marcharam. O efeito poderoso da obediência era específico em relação à pessoa a quem eles estavam seguindo.

Esses experimentos revelam um lado obscuro para coordenar ações. Anteriormente, a maioria dos estudos de psicologia social tinha que olhar os sentimentos positivos e afiliados produzidos pela atividade coordenada. Mas como Wiltermuth aponta, os exércitos modernos não precisam mais marchar. Nos últimos 100 anos, ninguém marchou em um campo de batalha. Ainda assim, caminhe por uma academia de treinamento militar e você verá que isso ainda é uma parte essencial do treinamento de um soldado. Marchar não é usado apenas para treinamento físico, esses experimentos sugerem, mas também para sua ligação psicológica com a obediência e a agressão.

NESTE CAPÍTULO

Considerando o papel das normas sociais

Olhando as maneiras pelas quais as pessoas entram em conformidade

Pagando o preço por não estar em conformidade

Capítulo 13

Entrando na Linha: Conformidade e Normas Sociais

Sua vida é governada por regras. Você provavelmente está bem ciente de muitas delas. Se, por exemplo, você aprendeu a dirigir, então teve que memorizar o Código de Trânsito e todas as regras sobre limites de velocidade, o procedimento correto para rotatórias e quando verificar seus espelhos e dar indicações. Mas existe um conjunto de regras muito mais detalhado sobre como viver sua vida fora de um carro: como fazer filas em lojas, o que dizer a um garçom, o quanto você pode ficar próximo de um estranho ou de amigos. O problema é: não existe um Código de Trânsito para a vida. Todos esses costumes, convenções e pontos de etiqueta são chamados de *normas sociais*. Embora não esteja ciente delas, você já passou muito da sua vida aprendendo-as.

Você acena com a cabeça quando concorda com alguém? Você sempre se certifica de arrotar bem alto depois de uma refeição? Você assoaria seu nariz na frente de outra pessoa? Essas perguntas podem ser fáceis de responder, mas se você perguntar a outras pessoas pelo mundo talvez receba uma resposta oposta: gregos balançam a cabeça para concordar, um arroto é um elogio em alguns países do Oriente Médio e assoar o nariz na frente de outras pessoas é excepcionalmente rude no Japão.

Neste capítulo, examinamos a natureza desse desejo de se conformar com as normas sociais: exploramos as razões que as pessoas têm para agir da mesma maneira que as outras e alguns motivos pelos quais elas o fazem. Pense no sentimento maravilhoso que você tem olhando para um estádio esportivo e vendo milhares de pessoas vestidas com as mesmas cores do time que você está usando, cantando as mesmas músicas. Mas não ignoremos o lado obscuro da conformidade: o sentimento terrível de ser aquela pessoa na multidão usando uma cor diferente e cantando uma canção diferente.

Abordando as Razões para as Normas Sociais

LEMBRE-SE

As normas sociais estruturam cada aspecto da sua vida, da maneira que você põe a mesa de jantar ao número de milissegundos que segura o olhar em uma pessoa até como você expressa condolências. Elas são a cultura e os hábitos da vida. Elas são o que faz os países estrangeiros parecerem estranhos para você e, em consequência, são uma das melhores razões para viajar.

Frequentemente, as razões históricas estão por trás de uma norma social específica. As pessoas dirigem carros do lado esquerdo no Reino Unido por causa da praticabilidade de usar uma espada. A maioria dos destros usava suas espadas do lado esquerdo, então centenas de anos atrás as pessoas andavam a cavalo do lado da estrada que evitava que as bainhas se chocassem. As pessoas dizem "saúde" quando alguém espirra, porque muitos anos atrás acreditava-se que uma pequena fração da alma estava escapando do corpo a cada espirro.

Entretanto, a questão é: agora que ninguém mais usa uma espada durante o trajeto matinal e poucos acreditam que a alma reside no muco, por que essas práticas persistem?

Embora uma grande quantidade de razões arbitrárias possa estar por trás de cada norma social e as pessoas frequentemente copiem umas às outras simplesmente para criar um sentimento de pertencimento, às vezes existe um valor real em imitar aqueles à sua volta. Por exemplo, pense na primeira vez que você foi a um restaurante japonês e não sabia o que fazer com o molho shoyu e o wasabi. Nesta seção, discutimos três razões comuns pelas quais as pessoas se conformam com as normas sociais: mimetismo, conformando-se para adquirir informação e conformidade para evitar não se encaixar.

Fazendo personificações: O desejo de imitar

Uma razão para a propagação e perpetuação das normas sociais é que os seres humanos gostam de copiar uns aos outros. Se você interagir com outra pessoa por mais do que alguns minutos, normalmente começa a falar na mesma velocidade que ela, usar as mesmas palavras, e até pega um pouco do seu sotaque. Você posiciona seu corpo da mesma maneira, cruzando os braços ou colocando as mãos nos bolsos se a outra pessoa o fizer. Se estiver em pé, as chances são de que você comece a balançar no mesmo ritmo que ela.

Esses movimentos podem ser imperceptíveis para um observador casual, mas podem ser medidos no laboratório. A pesquisa até mostra que quando você liga para um amigo em uma cidade distante e estão ambos andando e falando ao celular, seus passos se sincronizam.

Entretanto, debate-se na psicologia social o quanto o mimetismo seria automático. Pesquisas estão tentando desvendar se as pessoas sempre se envolvem em algum nível de mimetismo ou apenas copiam as pessoas quando têm um objetivo particular, como impressioná-las ou fazer amigos. O que está bem estabelecido, contudo, é que o mimetismo parece relacionado de perto com os sentimentos de afiliação e agrado. As pessoas o fazem desde o início da vida — talvez desde que saem do útero —, e imitam umas às outras em cada país do mundo. Exploramos o mimetismo em termos de persuasão com mais detalhes no Capítulo 14.

A pesquisa sugere que o mimetismo serve como um tipo de grupo social, ligando indivíduos uns aos outros. Se você já cantou com uma plateia de um show ou com milhares de fãs de futebol, então provavelmente experienciou o sentimento positivo de fazer a mesma coisa ao mesmo tempo que um grande número de pessoas.

LEMBRE-SE

Parte da essência da interação social para os seres humanos é o mimetismo uns com os outros, e então, sem surpresas, hábitos e normas podem se espalhar entre as pessoas como um resfriado comum.

Obtendo informações de outras pessoas

LEMBRE-SE

Entrar em conformidade com o comportamento de outras pessoas é muito útil quando você quer saber alguma coisa: algo chamado de influência informacional da conformidade.

Se você não sabe como se comportar ou se algo sobre a situação é ambíguo, você segue os outros. Você é especialmente propenso a fazê-lo se parece que as pessoas à sua volta são especialistas. Por exemplo, você experiencia uma forte pressão para entrar em conformidade no primeiro dia de aula, quando não sabe onde colocar sua mochila, e quando viaja para um país desconhecido.

Na minha primeira viagem a Tóquio, me vi olhando para o mapa do metrô, pensando que parecia mais um diagrama de fiação complicado demais para um laptop. Eu não tinha ideia de qual passagem comprar, como comprar ou até mesmo onde estavam os trens. Então, fiz o que você provavelmente teria feito nessa situação: copiei o que todo mundo estava fazendo e segui o fluxo (e não apenas metaforicamente — as multidões são tão densas e se movem tão rápido que você só precisa pular em uma para ser carregado junto com a corrente de ternos se movendo).

Admitindo a necessidade de se encaixar

Mesmo que você sempre tenha sido legal e o centro do seu grupo social, certamente você pode se lembrar de um momento em sua vida quando entrou em pânico e sentiu a pressão para ser como todo mundo — mais provavelmente na escola. Você raramente sentia genuinamente que aquele item específico de estilo ou roupa era objetivamente melhor que qualquer outro (se você sentia, veja uma foto sua de dez anos atrás usando sua roupa favorita e se assuste em relação a como parece estranho e desajeitado agora). O objetivo aqui não é fazer a coisa *certa*; é só fazer a *mesma* coisa que todo mundo.

LEMBRE-SE

Os psicólogos chamam isso de *influência normativa* da conformidade. Seu comportamento é moldado pelo desejo de ser como aqueles à sua volta. Normalmente, o objetivo é a aprovação social ou a filiação ao endogrupo que você admira. Conforme a seção posterior deste capítulo "Encarando os Custos da Não Conformidade: Ostracismo", entretanto, você é frequentemente motivado não muito pela necessidade de se encaixar, mas pelo medo de não se encaixar.

Convivendo Bem: As Maneiras pelas quais as Pessoas Entram em Conformidade

A definição clássica de *conformidade* nos livros didáticos é mudar seu comportamento para combinar com as opiniões ou ações dos outros. É sutilmente diferente de outras formas de influência social que podem causar uma mudança no comportamento:

LEMBRE-SE

- **Obediência:** Quando você responde a uma ordem direta de alguém em uma posição de autoridade (veja o Capítulo 12 para saber mais — e isso é uma ordem!). Então, se um professor lhe diz para fazer uma fila na escola e você acata, isso é obediência.

» **Complacência:** Quando você faz uma mudança em resposta à pressão direta dos outros. Se um valentão da escola o ameaça e você entrega seu dinheiro do lanche, isso é complacência.

Mas se você passa sua hora do recreio grampeando as barras das calças para que fiquem do mesmo comprimento que as de todo mundo, isso é conformidade.

Nesta seção, examinamos algumas das maneiras pelas quais as pessoas buscam entrar em conformidade.

Absorvendo as opiniões das outras pessoas

Quando as pessoas vivem em uma comunidade, tendem a compartilhar crenças e opiniões. Claro, nem todo mundo concorda o tempo todo, mas existe uma tendência a concordar com opiniões para entrar em conformidade. Esta é uma razão (embora existam outras) pela qual mapas políticos do país coloridos por padrões de votação tendem a ser razoavelmente similares entre as eleições. Claro, alguns lugares trocam de vermelho para azul, mas muitas áreas são estáveis ao longo dos anos em termos de preferências políticas.

Desvendar as razões para essa conformidade em relação à opinião é muito complicado. Psicólogos sociais estudaram o fenômeno em estudos de campo de estudantes universitários. Eles são um bom caso de teste, já que os estudantes vêm de todo o país, moram juntos por três ou quatro anos e então (normalmente) vão embora. Os psicólogos têm acompanhado como as opiniões dos alunos mudam como um resultado de viver juntos por esse curto período de tempo.

A Bennington College, por exemplo, é uma faculdade de artes liberais em Vermont com a reputação de empregar acadêmicos que estão do lado esquerdo do espectro político nos Estados Unidos. Um pesquisador estudou a progressão das visões políticas dos alunos na década de 1930 em Bennington, do momento em que iniciaram na faculdade até sua graduação. A cada ano que os alunos ficavam no *campus*, suas visões políticas rastejavam cada vez mais para a esquerda. Esse era um dos primeiros estudos científicos detalhados de conformidade em opiniões políticas emergindo ao longo do tempo.

Alinhando sua percepção com os outros

Você talvez compartilhe das opiniões políticas de seus amigos ou de sua família por muitas razões. Debates noturnos ou um conjunto de experiências em comum podem tê-lo persuadido de que o que as pessoas ao seu redor pensam é simplesmente a visão correta. Entretanto, os psicólogos sociais descobriram que a conformidade vai muito mais fundo do que isso. Em algumas situações, as pessoas acreditarão que elas veem a mesma coisa que outras pessoas: não porque é a coisa certa a se ver ou porque elas têm sido explicitamente persuadidas, mas porque é simplesmente o que todo mundo vê. Notavelmente, existe uma *influência normativa* de conformidade na sua percepção. Isso foi mostrado pelo psicólogo social Muzafer Sherif, usando uma ilusão virtual simples.

EXPERIMENTE

Tente bloquear todas as fontes de luz em seu quarto à noite. Enquanto senta na escuridão, procure uma pequena luz de *stand-by* da sua TV ou computador. Encare-a por alguns minutos. Depois de um tempo, se o quarto estiver escuro o bastante, o ponto parece se mover. Esse efeito é uma ilusão visual simples.

Agora, convide alguns amigos ao seu quarto escuro para procurar pelo “misterioso ponto que se move”. Depois de alguns minutos, acenda a luz novamente e peça a cada um que diga o quanto eles achavam que o ponto havia se movido em centímetros. Você terá uma variedade de estimativas. Se estiver disposto, peça a eles que voltem durante várias noites para repetir o experimento. Enquanto coleta as estimativas, você notará um fenômeno estranho, como ocorreu com Muzafer Sharif em 1935 nos seus primeiros experimentos sobre conformidade. As estimativas de seus amigos ficam cada vez mais parecidas umas com as outras.

Mesmo que a luz nunca tenha fisicamente se movido, nosso cérebro se confunde no escuro e percebe movimento. Se você demonstrou o efeito autocinético várias vezes para 100 pessoas e então pediu para que lhe dissessem *em particular* em qual direção o ponto se moveu, você terá 100 respostas levemente diferentes. Mas se as pessoas estão em uma sala juntas e dizem o que viram em voz alta, então, algumas demonstrações depois, elas começarão a dizer a mesma direção.

No fim, elas estão fazendo estimativas bem similares, entrando em conformidade total em sua percepção do movimento inexistente do ponto misterioso. Parece um tipo estranho de alucinação em massa, mas é apenas o efeito da conformidade da percepção visual.

Escolhendo se conformar em vez de escolher estar certo

As seções anteriores revelam que as pessoas absorvem as opiniões de pessoas à sua volta e que, confrontadas por uma ilusão visual misteriosa, elas são influenciadas pelas experiências dos outros. A conformidade talvez possa empurrar as pessoas para uma certa direção, mas em nenhum desses casos é uma força que encontra muita resistência. Nesta seção, observaremos a influência normativa da conformidade que o empurra em uma direção que você *sabe* que está errada.

O psicólogo Solomon Asch pediu a participantes para fazer um julgamento simples. Ele mostrou a eles uma linha preta desenhada em um grande cartão próxima de outras três linhas rotuladas A, B e C. O trabalho do participante era simplesmente dizer qual das três linhas estava no mesmo comprimento da primeira. Não foi algo difícil: até uma pomba poderia saber essa. Quando perguntadas sozinhas, na condição de controle, as pessoas acertaram a resposta quase sempre. Mas e se o participante não estivesse sozinho?

Nos experimentos de Asch, o participante era apenas uma pessoa em uma sala cheia de outras pessoas que também estavam presentes para fazer a mesma tarefa de estimativa da linha. Exceto que elas não eram somente outras pessoas, eram cúmplices do experimentador. O participante, como o personagem de Jim Carrey no filme *O Show de Truman*, era a única pessoa que não estava seguindo um roteiro.

EXPERIMENTE

Imagine que você esteja neste experimento. O pesquisador apresenta as linhas a uma sala cheia de pessoas. Você pode ver imediatamente que a resposta correta é B. O experimentador circula pela sala e pergunta a uma pessoa de cada vez a sua resposta. O primeiro cara diz: "Hmmm, eu acho que é A." Você reprime um riso para si mesmo — que idiota! Então a segunda pessoa diz: "Sim, A." Você limpa os óculos e aperta os olhos novamente. Realmente parece que é B. Mas a terceira, quarta e quinta pessoas afirmam com confiança que A é a resposta correta. Agora a sala toda está olhando para você, esperando a sua resposta. "A, eu acho", você murmura.

Mesmo que a resposta correta não pudesse ser mais óbvia nos experimentos de Asch, muitas pessoas entram com conformidade com a visão descaradamente errada da maioria. Parece muito estranho que os participantes deste experimento não tenham levantado a mão e discordado das outras pessoas na sala. Na próxima seção, eu observo com mais detalhes uma das forças que compele a conformidade em tais situações — o medo de se destacar na multidão.

Encarando os Custos da Não Conformidade: Ostracismo

Culturalmente, o público parece premiar rebeldes e forasteiros e desprezar seguidores e "ovelhas". A independência de pensamento e espírito sempre ganha o dia em filmes e romances, com a mensagem sendo, muitas vezes, a de que você tem que defender aquilo em que acredita, não importa como. Quando foi a última vez que você viu um filme de Hollywood terminar com discursos vibrantes ou momentos de cair lágrimas depois que os personagens principais decidem fazer o que todo mundo faz? Em vez disso, você vê a mesma história centenas de vezes com diferentes disfarces, seja em um colégio de uma cidade pequena ou em uma estação espacial em uma galáxia distante.

CAÇADOR DE MITOS

Com o enorme impacto que a mídia de entretenimento tem, você acharia que as atitudes cotidianas das pessoas refletiriam o que elas valorizam em livros e filmes; mas, na verdade, na vida real, elas não gostam muito de rebeldes. Elas odeiam pessoas que pensam e agem de modo diferente.

Nesta seção, daremos uma olhada no que acontece às pessoas quando são deixadas de lado no grupo. O termo técnico para isso é *ostracismo*. Os psicólogos acham que o medo do ostracismo é uma das razões para as pessoas serem tão ávidas para entrar em conformidade com o comportamento e as crenças umas das outras. O ostracismo é uma possível consequência da não conformidade e as pessoas farão o que puderem para evitá-lo.

Admitindo que ninguém gosta de um rebelde na vida real

Os pesquisadores descobriram que, em geral, quando um membro de um grupo diz ou faz algo diferente — quando não entra em conformidade —, a opinião das outras pessoas do grupo cai em relação a esse indivíduo.

Apesar de algumas exceções, você geralmente incorre em um custo por sua falta de conformidade: muitas pessoas simplesmente não gostam de você ou o excluem do grupo social. Os psicólogos têm estudado os efeitos psicológicos do ostracismo em alguns experimentos inteligentes.

EXPERIMENTE

Da próxima vez que estiver com um grupo de pessoas, falando sobre isso e aquilo, tente um pequeno experimento: discorde delas. Sempre que alguém der uma opinião ou um ponto de vista, em vez de murmurar em concordância, tente gentil, educada e respeitosamente dar uma visão oposta. As pessoas à sua volta podem exibir um recém-encontrado respeito por suas opiniões e pensamento independente, mas é mais provável, infelizmente, que apenas achem que você é um pouco chato.

Sentindo-se deixado de lado: A dor do ostracismo

Se você é forçado a sair de um grupo social, isso dói. Literalmente. Psicólogos sociais falam da "dor social" do ostracismo e existem algumas evidências, apresentadas a seguir, que sugerem que a dor social é muito parecida com a dor real em termos de como o cérebro responde a ela. Assim como a dor de ser socado pelo valentão da escola é uma razão para você concordar com as exigências dele, a dor social de ser banido é uma razão de as pessoas entrarem em conformidade com as normas sociais.

Um dia, um pesquisador chamado Kip Williams estava relaxando em um parque em São Francisco. O clima estava bom e várias pessoas estavam fora de suas casas aproveitando o sol. Então, um bumerangue caiu do céu, ao lado dele. Kip pegou o brinquedo, olhou ao seu redor e viu dois homens acenando para ele. Como em um jogo, ele arremessou o bumerangue de volta para um deles. Eles fizeram um gesto de agradecimento e então um dos homens o jogou de volta para Kip.

Ele alegremente o jogou de volta e, por alguns momentos, eles jogaram em três. Então, os dois homens jogaram entre eles por algumas rodadas. Depois de um tempo, parecia que haviam se esquecido de Kip, que ficou estranhamente parado, olhando para os dois homens, que agora jogavam o bumerangue apenas entre os dois. Neste momento, Kip diz que sentiu um profundo senso de dor e perda. Momentos antes ele esteve envolvido em um jogo divertido e espontâneo com duas pessoas, e agora eles o rejeitaram! Imagine Kip fingindo verificar o relógio, acenando para os homens e indo embora, tentando não deixar os ombros caírem.

Felizmente, Kip teve dois insights. Primeiro, era só um jogo, e os dois homens tinham saído para jogar um com o outro, e não com ele. Segundo, como essa pequena interação havia sido capaz de produzir uma emoção forte nele, poderia ser um jeito ideal de estudar a rejeição social no laboratório.

Williams inventou, então, os experimentos *Cyberball*, nos quais ele e seus colegas de trabalho apresentavam os participantes a um jogo de computador muito simples. Três bonequinhos palito estão na tela e os participantes podem controlar o que está na base da tela. Um bumerangue voa entre os personagens e quando voa na direção do seu bonequinho, você o pega. Então, você pode pressionar um dos dois botões para jogá-lo para o bonequinho da esquerda ou para o da direita. Nunca será um *Grand Theft Auto*, mas as pessoas parecem gostar de jogar esse jogo.

O interessante sobre o *Cyberball* é que outras pessoas estão controlando os outros dois bonequinhos palito pela internet. Você vê uma pequena foto de seus rostos na tela e o computador lhe diz seus nomes e, às vezes, algo sobre elas. Só que, claro, elas não existem de verdade: este é um experimento de psicologia social e, na verdade, apenas o computador está controlando os outros "jogadores". Essa configuração permite que Kip Williams recrie a experiência que ele teve no parque dentro do laboratório.

Os jogadores começam jogando o bumerangue para você, assim como um para o outro. Então, gradualmente, eles começam a favorecer um ao outro, e depois de algumas rodadas ninguém mais está jogando o bumerangue para você. Então o experimentador lhe pergunta como você se sente. Só de imaginar essa situação, você deve pensar: "Eu não ligaria nem um pouco — é só um jogo besta." Mas, na verdade, você absorveu informações o suficiente sobre os outros jogadores e teve interação suficiente entre vocês, o que faz com que — quando você é excluído — pareça uma exclusão social genuína. Você foi excluído, o que prejudica sua autoestima, diminui a felicidade e reduz seu sentido de pertencimento.

CAÇADOR DE MITOS

Os pesquisadores se perguntavam se a identidade dos outros jogadores importava. Seus sentimentos só são machucados se essas são pessoas que você realmente quer como amigos? Incrivelmente, não. Em um experimento surpreendente, os pesquisadores apresentavam os participantes a outros jogadores, e diziam que eles eram membros da Ku Klux Klan. Esse grupo racista de extrema direita é um anátema para a maioria dos norte-americanos e para todos os participantes dos experimentos. O mais incrível é que, mesmo se os participantes estivessem jogando bumerangue imaginário com algumas das pessoas mais desagradáveis do país, seus sentimentos ainda ficavam machucados quando eram excluídos.

Mais incrivelmente, os participantes receberam o jogo *Cyberball* para jogar em um aparelho de ressonância magnética (IRM). No momento em que foram excluídos, as regiões do cérebro que estavam ativas tinham muito em comum com as regiões que respondem à dor física — no córtex cingulado anterior, caso você esteja se perguntando. Em outras palavras, o pesquisador afirmou que a dor do ostracismo é real.

Eu acho que esses resultados são muito provocativos quando você pensa sobre suas implicações mais amplas. Os gregos antigos perceberam o poder da punição pelo ostracismo, mas eu acho que nós temos a tendência de negligenciá-la atualmente. Talvez porque tendemos a pensar em nós mesmos como indivíduos orgulhosos, negligenciamos as recompensas que vêm de sentir-se parte de um grupo e subestimamos a punição que vem de sentir-se excluído.

NESTE CAPÍTULO

Pegando dois caminhos para a persuasão

Buscando os seis princípios da persuasão

Resistindo à persuasão

Capítulo 14

Persuadindo Pessoas a Participarem com Suas Libras

Neste capítulo, investigamos as técnicas e a psicologia da persuasão. Claro, a persuasão é usada em todos os tipos de áreas na sociedade e nos relacionamentos. Escolhemos manter o foco principalmente em como as empresas e os vendedores o persuadem a mudar sua mente e tomar um curso específico de ação ou comprar um produto. Revelamos algumas rotas diferentes para a persuasão, como apelos emocionais, argumentos intelectuais e percepção subliminar. Descrevemos também seis princípios diferentes da persuasão, cada um baseado nos tipos de evidência psicológica das quais trato ao longo deste livro. Cada princípio leva a uma ou mais técnicas de persuasão que você pode usar em outras pessoas ou reconhecer quando estão sendo usadas em você. Fornecendo conhecimento desses truques, esperamos lhe dar alguma proteção contra essas artes obscuras.

O Vale das Sombras da Persuasão

Psicólogos sociais falam sobre dois "caminhos" para a persuasão. Eles querem dizer que existem duas linhas de ataque diferentes que as pessoas podem usar para tentar mudar sua opinião. Esses dois caminhos diferem nas maneiras que exigem que você processe mentalmente uma mensagem persuasiva como um argumento, um anúncio ou um discurso de vendas.

LEMBRE-SE

» **Processamento profundo:** Isso requer que o alvo da persuasão pense cuidadosamente sobre a informação na mensagem, usando análises razoáveis e deliberação.

» **Processamento raso:** Isso não requer que o alvo da persuasão pense muito profundamente sobre todo o conteúdo da mensagem ou mesmo que preste atenção a ele. Aqui, fatores rasos, superficiais, fazem o trabalho, como o fato de o vendedor ser atraente ou a marca ser familiar.

Embora as pessoas normalmente pensem na persuasão como um processamento profundo, o processamento raso é realmente a maneira mais comum — e mais poderosa — de influenciar o comportamento. Recentemente, por exemplo, o Facebook começou a inserir anúncios no meio das páginas dos usuários. Anteriormente, os anúncios eram mais discretos, ao lado. Muitos usuários não gostaram dessa mudança e, a princípio, recusaram-se a clicar nos anúncios. Se ninguém clicar nos links anunciados, eles pensaram, o Facebook não fará dinheiro com eles e assim irão abandonar a prática.

Apesar de ser um objetivo nobre, essa abordagem exibe uma falta de entendimento fundamental da psicologia por trás dos anúncios. A verdade é que o Facebook nunca esperou que ninguém clicasse nos anúncios: não é assim que eles funcionam.

CAÇADOR DE MITOS

O processamento profundo é como os usuários acharam que os novos anúncios que aparecem no Facebook deveriam funcionar: as pessoas veem um anúncio, leem os depoimentos, veem o produto e clicam para comprá-lo. Infelizmente, as pessoas raramente fazem escolhas dessa maneira. A maioria das persuasões usa o processamento raso sutil, como os anúncios do Facebook.

O Facebook não coloca essas propagandas porque acha que você lerá e clicará nelas. Tudo o que a empresa quer é expor você a essas marcas e imagens de produtos. Como discutido no Capítulo 5, quanto mais você é exposto a alguma coisa, em geral, mais você gostará dela. Todo mundo é influenciado pelo processamento superficial, como a familiaridade de uma imagem. Mesmo que você possa ignorar os anúncios com desdém, simplesmente por estarem na frente de seus olhos, eles estão cumprindo seu trabalho.

Considerando os argumentos racionalmente: Processamento profundo

A forma de persuasão de processamento profundo envolve um argumento, uma discussão, alguma evidência e uma decisão razoável. Por exemplo, alguém lhe fala sobre um carro ótimo que está à venda e diz que o preço é bom. Você pesa as evidências, verifica os preços, avalia o argumento e faz sua escolha de compra.

O processamento profundo é assim nomeado porque presume-se que o alvo da persuasão está usando toda a informação disponível para chegar a uma escolha racional e ponderada. O processamento profundo é a base para debates televisivos entre políticos em que você pode ouvir o argumento de todo mundo e fazer seu julgamento. É como as pessoas acham que fazem suas escolhas, como consumidores racionais. O processamento profundo, quando funciona, tende a produzir mudanças de opinião reais e duradouras.

Sendo influenciado pelas aparências: Processamento raso

Com o processamento raso, você é influenciado pelas propriedades superficiais da mensagem ou do comunicador: a altura do candidato político, o quanto o vendedor é atraente, e assim por diante.

O processamento raso não produz uma mudança de opinião profunda e duradoura: você não persuadirá alguém a mudar convicções políticas fortes ou a apaixonar-se por você dessa maneira. Os efeitos do processamento raso são mais efêmeros. Mas eles podem influenciar um eleitor indeciso ou empurrar um consumidor em direção a um ou a outro produto.

O endosso de celebridades funciona com processamento raso. Ninguém pediria seriamente a atores ou jogadores de futebol conselhos sobre que seguro imobiliário ou telefone celular comprar. Tudo o que importa é que você tem uma visão positiva do uso da celebridade e esse efeito positivo é transferido ao produto que ela está vendendo.

Apelando para as emoções

Argumentos detalhados que dependem de processamento profundo podem incluir apelos emocionais, como os discursos políticos de Martin Luther King ou Churchill. Contudo, os psicólogos sociais denominam apelos à emoção como processamento raso, já que são frequentemente não relacionados diretamente ao conteúdo da mensagem persuasiva.

Emoções positivas

O apelo emocional mais comum é simplesmente fazer as pessoas felizes, com a intenção de que a emoção positiva se associe à marca que está à venda. Os anúncios que usam humor, por exemplo, têm como objetivo fazê-lo pensar mais positivamente sobre seus produtos por causa do pequeno sorriso que evocam com um vídeo engraçado de um gato. Ou durante um grande evento esportivo como as Olimpíadas, as empresas estão muito ansiosas em associar seus nomes a times e atletas específicos, para que o brilho que seus apoiadores sentem seja associado a um prato, sabonete ou xampu específico. Não importa que o esporte não tenha nada a ver com o produto — tudo o que os anunciantes querem é construir uma associação entre a emoção positiva e a sua marca.

Emoções negativas

Às vezes, os persuasores tentarão evocar sentimentos negativos, como o medo de explorar o processamento raso de seus alvos. O exemplo mais comum são os anúncios de ataque em campanhas políticas que sugerem que coisas terríveis acontecerão se um candidato for eleito. Entretanto, existe um risco em evocar emoções negativas, já que isso pode ser um tiro que sai pela culatra. O perigo é que a emoção negativa se torne associada ao persuasor e as pessoas se desliguem. Por exemplo, muitos dos primeiros anunciantes e campanhas sobre o aquecimento global usavam as imagens e estatísticas mais chocantes sobre desastres climáticos iminentes. Parece que, em muitos casos, essas táticas assustavam as pessoas a ponto de elas simplesmente não quererem saber sobre o aquecimento global — ou ativamente o negarem —, porque era horrível demais para se pensar.

Felizmente, os anunciantes que vieram depois perceberam esse erro estratégico. Se você assistir ao filme de Al Gore, *Uma Verdade Inconveniente*, por exemplo, verá que cada estatística alarmante é seguida imediatamente por um pequeno passo prático que as pessoas podem realizar, como trocar suas lâmpadas antigas por aquelas de maior eficácia energética. Desta maneira, a emoção negativa evocada pela mensagem é conectada à ação positiva que as pessoas podem realizar, e elas ficam menos propensas a se sentir sobrecarregadas e desligadas pelo medo de que nada pode ser feito.

Reconhecendo os Seis Princípios da Persuasão

Robert Cialdini pesquisou e escreveu extensivamente sobre a ciência da persuasão. Nesta seção, descrevemos os seis princípios da persuasão que ele identifica que são usados diariamente pelos nossos anunciantes, vendedores e, provavelmente, até por nossos amigos e familiares.

LEMBRE-SE

Muitos desses seis princípios dependem de vieses do seu pensamento ou de mecanismos psicológicos. Cada um funciona porque se conecta a necessidades psicológicas importantes, como ter crenças precisas sobre o mundo, ser amado por outras pessoas e sentir-se bem consigo mesmo. Nenhum desses objetivos é uma coisa ruim para você seguir, mas eles o deixam, sim, vulnerável a especialistas sorrateiros de persuasão que podem virá-los contra você.

"A mão lava a outra": O desejo da retribuição

Reciprocidade é a norma social que indica que, se eu faço algo para você, você deveria fazer algo para mim (para saber mais sobre normais sociais, veja o Capítulo 13). Ela existe em todas as culturas humanas, pode ser vista desde o início da interação social na infância e tem até mesmo a sua própria música, no musical *Chicago*. É tão arraigada que se alguém lhe dá algo — mesmo que seja algo que você realmente não queria —, não dar algo de volta pode ser surpreendentemente difícil.

A CASA SEMPRE GANHA

Cassinos levam o princípio da reciprocidade a extremos notáveis. A maioria dos cassinos agora dá a seus clientes cartões de fidelidade para que possam manter o controle de cada uma de suas transações. Eles identificam os clientes mais lucrativos, e quando essas pessoas têm uma grande vitória, os cassinos oferecem a elas quartos de graça no hotel e refeições de cortesia no restaurante. Em alguns casos, eles até pagam pelas passagens de avião para toda a família para ir a Las Vegas para que "seus amados possam ajudá-lo a celebrar sua boa fortuna". Depois que os clientes aceitam essa generosidade do cassino, a norma da reciprocidade chega e eles se sentem compelidos a gastar pelo menos um pouco do que ganharam no cassino novamente. Eventualmente, a grande vitória do cliente acaba de volta no cofre do cassino.

DICA

Sempre que você conseguir algo de graça, pode apostar que alguém está tentando conectá-lo com a lei da reciprocidade. Pequenas amostras de comida dadas em um supermercado, etiquetas de endereço de cortesia que uma organização de caridade envia para você, uma performance feita para você por um artista de rua — em todos esses casos, depois de receber um presente "gratuito", as pessoas são mais propensas a comprar o produto todo, doar para a caridade ou colocar dinheiro no chapéu.

"Você realmente sabe o que faz!": Sendo consistente

As pessoas precisam sentir que são consistentes. Ter duas crenças que se contradizem causa desconforto psicológico, e as pessoas frequentemente mudam suas visões ou agem de maneira diferente para resolver essa inconsistência. Para persuasores especialistas, sua necessidade de sentir-se consistente é uma de suas maiores fraquezas.

EXPERIMENTE

Imagine entrar em uma loja de eletrônicos procurando por uma TV nova. Um vendedor se aproxima e você começa a falar. Você resmunga algo sobre telas de alta definição e o vendedor diz: "Ah, vejo que você é meio especialista em TVs". Ele lhe mostra alguns aparelhos de TV e você expressa a sua preferência por um. "Nossa, você tem um bom olho para a qualidade!", ele responde.

Eventualmente, sua decisão chega a ser entre uma TV barata que faz o que você quer ou um modelo muito mais caro com características extras. Qual você escolhe? Bem, o que um especialista em tecnologia com olhos discernidores de qualidade faria? Eles escolheriam o modelo mais caro, que é o que você também faz. Venda feita!

Rotulando

Quando faz elogios sobre seu conhecimento e gosto, o vendedor não está só tentando congraçar-se: ele está fazendo algo chamado *rotulação*; está atribuindo características positivas a você. Quando você tem que tomar uma decisão, sua necessidade de comportar-se consistentemente significa que precisa agir de acordo com esses rótulos e você caiu direitinho nas mãos de ganhador de comissão dele.

DICA

O mesmo truque funciona bem com crianças. Um dia, meu filho viu seu irmãozinho brincando com seu carrinho preferido. Ele o pegou de volta, fazendo com que o pequeno chorasse. Em vez de dar uma lição a ele sobre as virtudes de compartilhar, eu tentei uma tática diferente. "Sam, você é tão bom em dividir com o seu irmão", eu disse a ele. Ele concordou modestamente, aceitando o rótulo. Então olhou para o carrinho, encolheu os ombros e devolveu a seu irmão menor com um afago na cabeça. Tente: funciona mesmo!

Técnica do pé na porta

As pessoas precisam de crenças e comportamento consistentes; os especialistas podem explorar facilmente essas necessidades com a técnica do pé na porta. Se você conseguir que as pessoas concordem com um pequeno pedido primeiro, elas concordarão mais tarde com seu pedido maior apenas para ser consistentes.

Os pesquisadores Jonathan Freedman e Scott Fraser demonstram isso em um experimento elegante da década de 1960. Primeiro, eles foram de porta em porta em uma área suburbana, perguntando se as pessoas concordariam em colocar uma placa grande em seus gramados, que dizia: "Dirija com segurança". Era um sentimento com o qual a maioria concordava, mas a placa era bem feia. Apenas 17% das pessoas concordaram em colocá-la.

Os pesquisadores tentaram então a técnica do pé na porta. Eles passaram por outro conjunto de casas, mas perguntaram se as pessoas colocariam uma pequena placa na janela que dizia: "Seja um motorista seguro". Era uma placa discreta e a maioria das pessoas concordou com esse pequeno pedido. Então, uma semana depois, os pesquisadores retornaram. Eles perguntaram se as pessoas se importariam em colocar uma placa grande e feia em seus gramados. Notavelmente, 76% das pessoas concordaram.

Mais de quatro vezes mais pessoas concordaram com o mesmo pedido grande se já tinham concordado anteriormente com o pedido pequeno. A razão era a consistência. Concordando em colocar a placa pequena, os proprietários das casas mostraram que estavam preocupados com a condução segura e que estavam preparados para fazer algo sobre isso. Depois disso, eles corriam o risco de parecer inconsistentes se dissessem não, mesmo que a placa fosse feia.

CAÇADOR DE MITOS

Esse resultado é contraintuitivo. Ele mostra que você pode aumentar suas chances de persuadir pessoas a fazer algo se aumentar suas exigências totais sobre elas.

Técnicas da bola baixa e fisgar e trocar

Essas técnicas induzem o consumidor a dar o primeiro passo em direção a comprar um produto e então mudar o acordo. Mas porque os consumidores precisam sentir-se consistentes, eles seguem com a compra indiferentemente. Na *técnica da bola baixa*, um preço muito baixo é anunciado.

Por exemplo: Você vê uma passagem de avião para Paris por £10. Isso parece ser um ótimo negócio, então você liga para o guichê. Você descobre uma passagem disponível para o dia que quer e reserva o assento. E então o vendedor lhe lembra da taxa de bagagem de £20 e a taxa do aeroporto de £40. Além disso, você tem que comprar a passagem de volta também, que é £80, e outra taxa do aeroporto de £40. Então, resumindo, a passagem é £190, e mais cara que outras que você viu anunciadas originalmente. Mas como você se comprometeu em comprar ligando para o guichê com o seu cartão de crédito em mãos, e porque você se comprometeu com um dia e horário, você prossegue com a compra da passagem.

DICA

A técnica de *fisgar e trocar* é ainda mais descarada. Aqui, você vai até uma loja porque viu o anúncio de um laptop por uma pechincha. Mas o vendedor balança a cabeça tristemente e lhe diz que esse modelo esgotou. Mas ele tem outros laptops no estoque, se você estiver interessado, embora não estejam com um preço tão bom. Como você foi até essa loja específica e disse ao vendedor que queria comprar um computador, a única coisa consistente parece ser continuar e comprar um. Mesmo que não seja o que você queria, com um preço maior do que o que você queria pagar. Mas, pelo menos, você foi consistente.

Nove em cada dez anunciantes usam a prova social

Você não compra uma geladeira com muita frequência — talvez umas duas vezes na vida. Então você provavelmente não sabe sobre as últimas tendências em consumo de refrigeração. Mas quando você vai comprar uma, pergunta a seus amigos e à família, ou vê online e lê críticas de outros usuários. Seu objetivo é conseguir uma informação precisa sobre o mundo da refrigeração.

LEMBRE-SE

Uma fonte prontamente disponível de informações é o comportamento e as opiniões das outras pessoas — chamada de *prova social* — e é uma força persuasiva poderosa que os especialistas podem manipular.

A maneira mais óbvia, por exemplo, para um restaurante explorar este princípio de persuasão online é escrever suas próprias críticas de usuários. Se você der uma olhada nas críticas de restaurantes online, poderá facilmente ver as críticas feitas pelos donos. Eles têm uma gramática melhor e escrevem corretamente, usam frases que seres humanos normais não usam ("a decoração deslumbrante era de outro mundo e os charmosos anfitriões atenderam a cada um de nossos desejos culinários").

A prova social pode ser feita de maneira mais sutil, claro. Você provavelmente já ouviu o conselho de comer apenas em restaurantes cheios ou escolher os restaurantes chineses que pessoas chinesas frequentam. Aqui, você é levado pelas opiniões dos outros e de pessoas que são especialistas nessa culinária. Os donos de restaurantes estão muito cientes dessa tática e sentam as pessoas (especialmente as bonitas) em pontos-chave perto de janelas para atrair outros clientes.

DICA

Você não precisa ver pessoas se comportando de uma certa maneira para seguir seus exemplos. Pense em um bar que tem um pote rotulado de "gorjetas". Quando você para, você coloca dinheiro nele? A pesquisa mostra que você fica muito mais propenso a fazê-lo se ele já estiver cheio de notas e moedas, porque isso é "evidência" de que outras pessoas deram gorjeta e que você também deveria. Essa tendência foi mostrada por uma pesquisa cuidadosa, mas a equipe de garçons sempre soube disso. Eles têm até uma expressão para colocar seu próprio dinheiro no pote para começar a noite: "Salgar o pote."

O mesmo efeito é usado na maneira que alguns programas de TV são transmitidos. Isso está virando uma coisa do passado (felizmente), mas muitas comédias têm uma faixa de risada gravada por cima. Você deve pensar que achar algo engraçado ou não é uma coisa bem individual. Ainda assim, a pesquisa mostra que a risada de outras pessoas é uma determinação forte para que você ache algo engraçado. Você não precisa nem ouvir a risada. Em um estudo, as pessoas se sentavam sozinhas em uma sala e assistiam a um clipe do comediante Bill Cosby. A quantidade de risadas aumentava quando falavam a elas que um amigo estava na sala ao lado assistindo ao mesmo clipe.

O uso mais óbvio da prova social em persuasão são os *slogans* de marketing no formato "Oito entre dez gatos preferem...". Você vê esta técnica o tempo todo, muitas vezes com um grupo de especialistas entrevistados. Por exemplo: "Mais de 90% dos dentistas usam nossas escovas em suas próprias casas", ou uma marca afirmando a si mesma como "a escolha número um do Reino Unido".

"Que coincidência, eu também!": O desejo de ser amado

Os seres humanos são criaturas socialmente carentes, constantemente querendo afirmar e fortalecer os laços sociais. Se um amigo lhe pede um favor, você diz sim. Se alguém parece que se tornará seu amigo, você muitas vezes diz sim. Favores são um tipo de cola para relacionamentos sociais. Os especialistas em persuasão perceberam que se os vendedores conseguirem fingir ser seus amigos, você fica mais propenso a comprar deles.

Vendedores usam técnicas sutis para manipulá-lo a gostar deles. Certos fatores fazem as pessoas gostar umas das outras, mas a mais penetrante é a similaridade. Você gosta de pessoas que são como você. Isso não significa apenas coisas como a idade ou a aparência, mas aspectos mais sutis do comportamento também.

DICA

Se você imitar gentilmente a maneira de falar, a postura e a linguagem corporal das pessoas, elas tendem a gostar mais de você (a não ser que o peguem fazendo isso, quando acham um pouco esquisito). As pesquisas descobriram que a equipe de garçons em restaurantes aumenta dramaticamente suas gorjetas quando simplesmente copia a maneira que um cliente faz um pedido.

Portanto, quando você fala com vendedores, pode descobrir que têm uma quantidade surpreendente de coisas em comum. Talvez eles também sejam estudantes, ou foram recentemente e estudaram assuntos parecidos com os seus. Talvez eles também gostem de viajar ou ir a shows. Se você for um pouco mais velho, pode descobrir que (surpresa, surpresa) eles têm filhos com mais ou menos a mesma idade dos seus.

Essa técnica de vendas é particularmente notável em vendas por telefone. Quando você fala com vendedores ao telefone, eles estão frequentemente seguindo um roteiro que os instrui a encontrar áreas em comum entre eles e você.

EXPERIMENTE

Da próxima vez que receber uma ligação, tente incluir na conversa algo aleatório, como você gostar de iatismo, ou tente mudar seu sotaque e maneira de falar. Muito rapidamente, você também descobrirá que eles também gostam de velejar e são de Yorkshire!

"Confie em mim e no meu jaleco branco": Respondendo a figuras de autoridade

Não importa o quanto você ache que tem o pensamento independente, você ainda está suscetível à autoridade de outras pessoas. No Capítulo 12, discutimos experimentos que demonstram a notável obediência que as pessoas mostram em relação a pessoas com autoridade. Claro, ninguém anuncia seus produtos tendo uma pessoa com autoridade mandando em outras: a autoridade exerce influência de uma maneira mais sutil.

EXPERIMENTE

Imagine um anúncio para um novo suplemento vitamínico. Alguém na tela está lhe falando sobre o produto. Como é essa pessoa? Meu palpite é que seja homem, alto, atraente, bem-apessoado, vestindo um jaleco branco, uma camisa azul e óculos com armação de metal fina. A idade não é importante — velho o bastante para parecer que está no auge da sua profissão, mas jovem o bastante para estar atualizado sobre a última pesquisa. Meu palpite é que esteja no final de seus 30 e início dos 40 anos.

Neste momento, eu estou escrevendo isso sentado em um trem subterrâneo de Londres, olhando para dois senhores anunciando vitaminas e um novo tipo de pasta de dentes.

Os anunciantes estão batendo no seu estereótipo de um especialista médico — alguém com experiência e treinamento, que pode falar com conhecimento sobre as virtudes desse produto. Refletindo seu estereótipo de autoridade, o anúncio é mais propenso a exercer uma influência sobre suas escolhas.

"Não deixe para depois, ligue agora": Implicando escassez

Os anunciantes usam frequentemente a noção de que se algo é escasso e outras pessoas parecem querer, então deve ser valioso.

Aqui está uma história apócrifa, normalmente contada na Rússia da era soviética. Uma senhora passa por uma longa fila em uma loja e se junta a ela. Outra senhora para e pergunta: "Por que está esperando na fila?". "Não tenho ideia", diz a primeira senhora, "mas deve valer a pena!".

DICA

Este método de persuasão é especialmente fácil de visualizar. Você vê muitos anúncios gritando "a oferta acabará hoje!", "oferta por tempo limitado!" ou "pela última vez em estoque!". Sites de ofertas de hotéis são especialmente adeptos de fornecer todos os tipos de "informações" sobre o número de pessoas que acabaram de comprar um quarto e a rápida diminuição (normalmente entre um e quatro) do número de quartos restantes naquele preço. Tudo o que você precisa fazer é clicar agora para fazer a reserva (sem ter tempo de comparar a compra), e você poderá conseguir uma "barganha".

Combatendo a Persuasão: A Resistência nem Sempre É Inútil

Como todos os seres humanos, você é muito suscetível à influência social. Isso não é uma coisa ruim. É parte da sua herança como membro de uma espécie que evoluiu em grandes grupos sociais. Mas isso significa que os profissionais de persuasão podem virar muitas das particularidades e vieses mentais seus contra você. Embora você nunca possa reduzir completamente as influências desses profissionais sobre suas decisões, o conhecimento detalhado de seus truques lhe dá alguma proteção.

Às vezes, isso é fácil, já que os persuasores exageram na dose. Por exemplo, o chanceler George Osborne apareceu na cerimônia de abertura das Olimpíadas de Londres que celebravam instituições britânicas como o *National Health Service.* Mas quando a tela do estádio mostrou uma imagem dele, a multidão começou a vaiar espontaneamente, reconhecendo sua tentativa descarada de associar a si mesmo com o orgulho nacional no NHS, quando, na época, ele foi responsável por cortar seus fundos.

DICA

Com tentativas mais sutis de persuasão, a melhor defesa é reconhecer os truques e manipulações que estão sendo usados contra você. Por exemplo, quando um vendedor não tem o produto que a loja anunciou para vender, eu suspeito da técnica de fisgar e trocar e tento outra loja. A única coisa contra a qual sou impotente, entretanto, é a norma da reciprocidade. Dar amostras grátis de comida me parece tão bom que eu sempre saio com uma cesta cheia de iguarias superfaturadas.

ROTAPLAN
GRÁFICA E EDITORA LTDA
Rua Álvaro Seixas, 165
Engenho Novo - Rio de Janeiro
Tels.: (21) 2201-2089 / 8898
E-mail: rotaplanrio@gmail.com